Dragon English

ドラゴン・イングリッシュ
解いて覚える必修英単語500

500 Challenging Exercises in English Vocabulary

駿台予備学校英語講師
竹岡広信

講談社

Dragon English

●ドラゴン・イングリッシュ 解いて覚える必修英単語500【目次】

	はじめに	3
STAGE 1	001〜112	6
STAGE 2	113〜220	62
STAGE 3	221〜312	116
STAGE 4	313〜408	162
STAGE 5	409〜500	210

ブックデザイン：竹内雄二

表示について

英検2級/2005③	「日本実用英語技能検定試験」に出題された問題であることを、西暦と丸数字は実施年と実施回を示します。
センター試験	「大学入試センター試験」に出題された問題であることを示します。
難 やや難	実際に問題を解いた受験生の正解率によって難易度を表示しています。詳しくは4ページを参照してください。
(prosperity ☞917)	番号は『ドラゴン・イングリッシュ 必修英単語1000』(竹岡広信著/講談社刊)の番号に対応しています。本をお持ちの方は参照してください。

はじめに

従来の問題集と何が違うの?

1.「解いて覚える!」問題集

　単語を暗記するためには、「生きた例文」が非常に効果的です。たとえば、「graceful＝優美な」と丸暗記しても、何かピンときません。「覚えた気にならない」という感じですね。でも The figure skater's movements were graceful and elegant, and the spectators gave her a standing ovation.「そのフィギュアスケートの選手の動きは優美で素晴らしかったので、観客は総立ちになり拍手をした」という例文を見れば、graceful から「イナバウアー」などの「しなやかで素晴らしい」イメージが湧きますね。このように優れた例文は、英単語にイメージを与えてくれるわけです。

　僕は、高校時代に「スヌーピー」の作者のチャールズ・シュルツのエッセイを読んだことがあります。その文の中に「スヌーピーは誰でも描けるけど、チャーリー・ブラウンの頭を描くのは難しい。なぜならそれは本当に flexible だからだ」という箇所がありました。僕はそれを読んで以来、今でも flexible と聞くと「チャーリー・ブラウンの頭」を思い出します。

　この問題集の狙いは、そのような優れた例文を多数提示することで、単語の記憶への定着を図ろうとするものです。ただ、例文だけ読んでいても楽しくないでしょうから、すべて問題形式になっています。まさに「解いて覚える」単語集なわけです。単語力を増強したいと思っている受験生は

もちろんのこと、社会人のみなさんも自らの単語力増強のために使ってください。

英語を勉強するすべての方に楽しんで頂けるようにと、解説はスペースの許す限り詳しく書いています。この問題集だけでも効果的な勉強はできますが、可能ならば拙著『ドラゴン・イングリッシュ　必修英単語1000』を傍らに置いて語源などをあわせて学び、「単語を学ぶ楽しみ」を倍増させて頂ければと思います。

2．各選択肢の単語の訳について

選択肢が動詞の場合は、その動詞が過去形あるいは過去分詞形になっている場合もありますが、「各選択肢の単語の訳」には、できるだけ「動詞の原形」の意味を載せています。ただし、過去分詞形が選択肢にあり、他の選択肢が形容詞の場合には、他の形容詞に合わせるために過去分詞形の意味で掲載していることもあります。

3．難易度の表示について

予備校や塾で私が教えている「トップクラスの受験生」に、実際に問題を解いてもらい、正解率を出しました。各表示の目安は以下の通りです。問題を解く時の参考にしてください。

　無印　　：正解率が80％以上
　やや難　：正解率が60％〜79％
　難　　　：正解率が59％以下

4．この問題集の使い方

①まず解いてみましょう！
　　　↓
②間違えた問題、あるいは、なんとなく「勘」で正解した問題には印をつけておきましょう（復習する時に重点的に！）。
　　　↓
③最初は欲張らずに「答え」となる単語の意味だけ確認して覚えるようにしてください（解説の最後に（**prosperity** ☛917）などとありますが、これは『ドラゴン・イングリッシュ　必修英単語1000』の単語の番号を示しています。単語集をお持ちの方は参照してください）。
　　　↓
④もう一度問題文を味わい、数回音読してください。
　　　↓
⑤以上の作業を繰り返してください！

5．謝辞

　財団法人日本実用英語技能検定協会には良質な英文を多数使わせて頂き感謝しています。洛南高等学校のDavid James先生には良質な例文を作って頂きました。京都市立西京高等学校の川原正敏先生、竹岡塾卒塾生の北村佳美さんには、訳文作成において随分とお世話になりました。洛南高等学校の田平稔先生には、訳文、解説、校正などすべてにおいて大変お世話になりました。講談社学芸図書出版部のみなさん、特に小沢一郎さん、名越加奈枝さんにはお世話になりました。本当にありがとうございました。

2009年3月吉日

竹岡広信

STAGE-1

正解、不正解にこだわる必要はない！
問題と解説をくり返し読んで頭にたたき込もう。

次の英文の（　）に入れるのにもっとも適当なものを、
それぞれ、1、2、3、4の中からひとつ選びなさい。

001

Mr. Collins talks (　) fast. Sometimes it's hard to understand what he's saying.

1 ordinarily　2 foolishly　3 incredibly　4 fortunately

002

A: I promised to pick up Mr. Jones at the airport next week, but I don't know what he looks like. Can you tell me?
B: Mr. Jones?……Well, if I remember correctly, he's a bit taller than average, and his hair is white, and he (　) glasses.

1 is putting on　2 is wearing　3 puts on　4 wears

003

A: Did you receive the package I sent you?
B: Yes, thanks. It was (　) this morning.

1 presented　2 delivered　3 expressed　4 offered

004

Kenji thought for weeks about how to spend his New Year's money. He (　) buying some new computer software, but in the end he decided on a CD player.

1 considered　2 advertised　3 maintained　4 excused

[解] **3** incredibly 英検2級／2007年②
[訳] コリンズ氏は信じられないくらい早口だ。何を言っているのかわからない時もある。

[解説] 1 ふだんは　2 愚かにも　3 信じられないほど　4 幸運にも
後半の「何を言っているのかわからない時もある」から推測すれば「信じられないほど速い」が適切だとわかります。答えは3です。最近の若者言葉を使って「普通に速い」と考えて1にしてしまう受験生がいました。(**incredible** ☞3)

[解] **4** wears センター試験
[訳] A：「来週ジョーンズさんを空港まで迎えに行くと約束したんだけど、どんな人かわからないんだ。教えてくれる？」
　　B：「ジョーンズさん？　ええっと、もし人違いでなければ、背が高めで、白髪で眼鏡をかけていたと思うよ」

[解説] 1 〜を着ようとしている　2（一時的に）〜を身につけた状態でいる　3 〜を着る　4（普段）〜を身につけている
ジョーンズさんの風貌に関する記述から、「普段、眼鏡をかけている」ことがわかり、答えは4です。put 〜 on は「（何も身につけていない状態から）〜を身につける」という動作を表すことに注意して下さい。2にしてしまわないように気をつけて下さい。(**wear** ☞4)

[解] **2** delivered 英検2級／2007年①
[訳] A：「送った小包はもう届いた？」
　　B：「うん、ありがとう。今朝届けてもらったよ」

[解説] 1 〜に贈呈する　2 〜を届ける　3 〜を表現する　4 〜を申し出る
最初のAの発言から答えは2なのは明らか。なお動詞の present は、present A with B で「AにBを贈呈する」の意味。アクセントは後に置かれるので注意が必要です。(**deliver** ☞9)

[解] **1** considered
[訳] ケンジは、お年玉をどのように使うかについて、何週間も考えた。彼は、コンピュータの新しいソフトを何か買うことも考えたが、結局、CDプレーヤーに決めた。

[解説] 1 〜を考慮する　2 〜の宣伝をする　3 〜を維持する　4 〜を容赦する
「新しいソフトを何か買うこと」と来たら「考慮する」しかないはずです。consider 〜「〜を考慮に入れる」は他動詞であることに注意して下さい。(**consider** ☞11)

005

A: I can't believe that Jackie didn't even thank me for all the work I did for her.
B: She didn't? That was very (　) of her.

1 irresistible　2 inconsiderate　3 frantic　4 charitable

006

Policeman: Is this what the thief looked like?
Storekeeper: Yes, (　).

1 kindly　2 mostly　3 exactly　4 terribly

007

Mary is often late for school, and she never finishes her homework on time. Her teacher has told her that she must change her (　).

1 attitude　2 excuse　3 guess　4 selection

008

A college education will (　) you to get a broader view of the world.

1 enable　2 let　3 make　4 take

[解] **2** inconsiderate　　　　　　　　　　　　　　　英検準1級／2007年②
[訳] A：「ジャッキーのために仕事をしてあげたのに、ありがとうの一言さえなかったんだよ。普通じゃ考えられないね」
　　B：「そうなの？　なんて思いやりのない人なんだろう」
[解説]　1 抵抗できない　2 思いやりのない　3 熱狂した　4 慈善の
considerate は「思いやりのある」で、その反意語が inconsiderate です。類似の形容詞の considerable「考えることができる限りの」→「かなりの」とは区別が必要。なお、3が難語でワナです。うっかり選んでしまわないようにして下さい。(**consider** ☞11)

[解] **3** exactly
[訳] 警官：「泥棒の見た目はこのような感じですか？」
　　店主：「ええ、まさにそうです」

[解説]　1 親切にも　2 たいていは　3 正確に、まさに　4 とてもひどく
「まさにこれなんだ！」という時には exactly を用います。他にも exactly the same/opposite「まったく同じ／まったく逆」も重要ですから覚えておいて下さい。(**exactly** ☞12)

[解] **1** attitude　　　　　　　　　　　　　　　　英検準2級／2005年③
[訳] メアリーはいつも学校に遅刻して来るし、期限に間に合うように宿題を終えることは決してない。先生は態度を改めるようにと、彼女に言った。

[解説]　1 態度　2 言い訳　3 推測　4 選択、精選
change と結びつく名詞は1しかありません。change one's attitude で「態度を改める」という意味です。3は、名詞と動詞が同形です。Guess what! は、話の切り出しに用いて「実はね」の意味です。(**attitude** ☞14)

[解] **1** enable　　　　　　　　　　　　　　　　　センター試験
[訳] 大学で教育を受ければ、世界をもっと広い視野で見ることができるようになりますよ。

[解説]　1 (enable O to (V)) O が V するのを可能にする　2 (let OV) O が V するのを許可する　3 (make OV) O に無理やり V させる　4 (take O to A) O を A まで連れて行く
形から1しか残りません。2にしないように気をつけて下さい。(**enable** ☞15)

009

A: Charlie is getting fatter these days.
B: Yes, he (　) gets any exercise.

1 rarely　2 extremely　3 precisely　4 rapidly

010

Kate hid the diamonds in a suitcase with a (　) bottom.

1 false　2 loyal　3 noble　4 sincere

やや難

011

Bill was not sure if he would win the game, but he crossed his fingers and (　) for the best.

1 expected　2 feared　3 hoped　4 thought

やや難

012

Science would make much less progress without the computer networks used by many scientists to (　) ideas.

1 change　2 exchange　3 alter　4 shift

[解] **1** rarely
[訳] A：「チャーリーは近頃太ってきているね」
　　B：「ああ、彼はめったに運動をしないんだ」

[解説] 1 めったに〜ない　2 極端に、とても　3 正確に　4 急速に
前半の「太ってきた」から、「運動をしていない」と考えるのが適切で、1を選びます。rarelyはseldomの口語的な表現です。なお、形容詞形のrareは、日本語の「レア」と同様に、「珍しい、まれな」の意味です。[例] a rare stamp「珍しい切手」。(**rarely** ☛17)

[解] **1** false
[訳] ケイトはスーツケースの下のほうに二重底を作って、ダイヤモンドを隠した。
[解説] 1 偽の　2 忠実な　3 高貴な　4 誠実な
「ダイヤモンドを隠す」ためには「二重底(=偽の底)」を作るのが妥当。よって1が正解となります。false は、「事実と反する」という意味で広く使われます。[例] a false alarm「誤った警報」、false pregnancy「想像妊娠」。文意をとらえることができずに3にしてしまう人が多い問題です。(**false** ☛20)

[解] **3** hoped　　　　　　　　　　　　　　　　　　　　　　　　センター試験
[訳] ビルは試合に勝てるかどうか自信がなかったが、人差し指の上に中指を重ねるおまじないをして最善を尽くすことを誓った。
[解説] 1（未来のことについて）〜と思う　2 〜を恐れる　3（hope for 〜）〜を望む　4（think of/about 〜）〜と思う
for と結びつくのは hope だけです。hope は本来自動詞ですが、hope that SV, hope to (V)の場合には他動詞の扱いですから注意して下さい。この問題は、多くの受験生が1を選んでしまいました。expect =「期待する」という間違いからです。(**expect** ☛参考21)

[解] **2** exchange
[訳] 多くの科学者が意見交換に用いているコンピュータネットワークがなければ、科学の進歩はずっと遅れるだろう。
[解説] 1 〜を変える　2 〜を交換する　3 〜を(部分的に)変える　4（意見、態度など)を変える、〜を少し移動させる
文脈から、「意見を修正する」のではなく「意見を交換する」と考えるのが適切です。よって2を選びます。exchange 〜は「(同種のもの)を交換する」という意味で、目的語には ideas「考え」、seats「席」、glances「視線」などがきます。また exchange A for B「AとBを交換する」でも使います。[例] exchange dollars for euros「ドルをユーロに交換する」。(**exchange** ☛22)

013

If you receive any ( ) from Luke, he probably needs a favor.

1 flattery 2 testimony 3 apathy 4 bribery

014

Writing a novel ( ) all his time, so Smith could only eat once a day and he never went out.

1 designed 2 mentioned 3 occupied 4 realized

015

Even after Ryan had been convicted of the crime, he ( ) that he was innocent. However, nobody believed him.

1 insisted 2 permitted 3 requested 4 required

016

A: Bobby, did you eat some of the pie I made for dessert tonight?
B: Sorry, Mom. It looked so delicious that I couldn't ( ) taking a piece.

1 resist 2 treat 3 regard 4 propose

[解] **1** flattery
[訳] もしも、ルークに何かお世辞を言われたら、彼は多分、頼みがあるんだろうよ。

[解説] 1 お世辞、おだてること　2 証拠　3 無感動、無関心　4 収賄行為
後半の「頼みがある」から、receive any (　) で、プラスイメージの語が入るはずです。そこから1を選びます。なお4は receive any bribes「賄賂を受けとる」なら可能です。また、apathy は a-【否定】+ -pathy【感情】から「無関心」になりました。（**flatter** ☞27）

[解] **3** occupied
[訳] スミスは自分の時間をすべて小説を書くことに費やしていたので、1日1回しか食事をとることができず、また、決して外出しなかった。
[解説] 1 ～を計画する、～を設計する　2 ～について言及する　3 （時間、空間など）を占める　4 ～を現実化する、～がわかる
文脈から3が適切です。occupy の名詞形は occupation「（時間、空間を）占めること」以外に「職業」という訳を覚えて下さい。申込書、問診票などの「職業欄」には、英語では occupation と書いてあります。（**occupy** ☞29）

[解] **1** insisted
[訳] 有罪の判決を受けた後でも、ライアンは無罪を主張した。しかし、誰も彼を信じなかった。
[解説] 1 (insist that SV)～と言い張る　2 (permit O to (V)) O に V する許可を与える　3 ～を要求する　4 (require that SV)（公式に）～を要請する
insist は、未来のことを「言い張る」場合には that 節の中の動詞は原形あるいは should V にし、現実の（ことだと思う）ことを「言い張る」場合には that 節の中の動詞は普通の形になります。request の場合には、that 節の中の動詞は常に原形あるいは should V にすることに注意して下さい。（**insist** ☞31）

[解] **1** resist　　　　　　　　　　　　　　　　　英検2級/2007年②
[訳] A:「ボビー、今日の夕食のデザートに作ったパイをつまみ食いしたのはあなたなの?」
　　 B:「お母さん、ごめん。あまりにもおいしそうだったので、つまみ食いしようという気持ちを抑えられなかったんだ」
[解説] 1 ～に抵抗する　2 ～を治療する、（副詞を伴い）～を扱う　3 (regard A as B) A を B とみなす、～を見る　4（公式に）～を提案する
can't resist (V)ing「～したいという気持ちを抑えきれない」という意味です。形だけでも1だとわかります。propose などにしないように注意。（**resist** ☞32）

You are not ( ) to come to work on Sundays.

017

1 compared 2 exported 3 required 4 occurred

Because Leslie had spent a year at a Japanese high school, she was put into the ( ) Japanese class when she began studying at university.

018

1 precious 2 artificial 3 advanced 4 dependent

Every winter, colds are ( ) at schools.

019

1 familiar 2 popular 3 broad 4 common

I ( ) my coat to a friend of my brother's, and I never saw it again.

020

1 borrowed 2 lent 3 let 4 rent

[解] **3** required
[訳] 日曜日に出社する必要はない。

[解説] 1 (compare A with / to B) AをBと比べる、～を比較する　2 ～を輸出する　3 (require O to (V)) OにVを要求する　4 生じる
受動態になっていますから、まず自動詞の4が消えます。次に be ～ to (V) の形を取る動詞を探して3を選びます。require が覚えにくい人は、request「～を要請する」とセットで覚えましょう。(**require** ☞33)

[解] **3** advanced　　　　　　　　　　　　　　　　　　　英検2級/2005年③
[訳] レスリーは日本の高校で1年間の滞在経験があるので、大学で日本語を勉強し始めたとき上級者クラスに入れられた。

[解説] 1 貴重な　2 人工の、模造の　3 上級者の、進んだ、進歩している　4 依存している
advanced は、advance の形容詞で「(学習者、科目などが)上級の」「(国、技術が)進んだ」の意味で用います。意外と間違う人が多い問題です。(**advance** ☞37)

[解] **4** common　　　　　　　　　　　　　　　　　　　センター試験
[訳] 毎年冬になると学校では風邪がはやる。

[解説] 1 なじみがある　2 人気のある　3 幅広い　4 ありふれた、共通の
1、3は不可です。主語が「風邪」ですから2にしてはいけません。「風邪が人気がある」というのはおかしいですね。答えは4です。common を「共通の」と覚えていて、消去してしまい、意味がわからずに3にする人が多い問題です。3は、a broad street「幅の広い通り」、a broad outline「大筋」、a broad smile「満面の笑み」などで使います。(**common** ☞39)

[解] **2** lent
[訳] 私は兄の友だちに上着を貸したが、二度と見ていない。

[解説] 1 (borrow A from B) BからAを借りる　2 ～を(無償で)貸す　3 (家、部屋、土地など)を(有償で)貸す　4 (有償で)～を貸す、～を借りる
S (　) +モノ+ to 人の形で用いることができるのは2、3、4ですが、3(主にイギリス英語)と4は、「(有償で)～を貸す」という場合には rent (out) / let (out) +主に家、部屋、土地など+ to 人の形になりますから不可です。以上から2を選びます。lend の活用変化形のlend；lent；lent にも注意して下さい。(**borrow** ☞参考41)

021

I ( ) Susan some money and must pay her back by next Tuesday.

1 borrowed　2 loaned　3 owe　4 own

やや難

022

The girl told the police that she had seen the man steal the purse, but he strongly ( ) it.

1 imported　2 denied　3 excused　4 insisted

023

At first, Tommy wasn't very good at tennis. However, his skills ( ) improved until he became the best player at our school.

1 gradually　2 currently　3 eagerly　4 slightly

024

These days young children cannot ( ) the most basic math problems.

1 return　2 seek　3 remember　4 solve

[解] **3** owe 〔センター試験〕
[訳] スーザンにお金を借りていて、来週の火曜日までに返さなければならない。

[解説] 1 (borrow A from B) BからAを借りる 2 (loan A B ／ loan B to A) AにBを貸す 3 (owe A B ／ owe B to A) AにBを借りている 4 ~を所有している
SVOOの形を取るのは3しかありません。1にしてしまわないように注意して下さい。(**owe** ☛42)

[解] **2** denied 〔英検準2級/2007年②〕
[訳] 少女はその男性が財布を盗むのを見たと警察に言ったが、彼はそれを完全に否定した。

[解説] 1 ~を輸入する 2 ~を否定する 3 ~を容赦する 4 言い張る
4は自動詞ですからまずは消去できます。3は人を目的語にするので不可。1では意味をなしません。答えは2になります。名詞形は denial です。また、deny +人~で「人に~を与えない、認めない」も重要です。(**deny** ☛43)

[解] **1** gradually 〔英検2級/2005年③〕
[訳] トミーは最初の頃テニスがあまり上手ではなかった。でも、徐々に技術が向上していき、ついには校内で一番テニスが上手になった。

[解説] 1 徐々に 2 現在のところ 3 熱心に 4 わずかに
improved「向上した」と組み合わせることができるのは1か4だけ。また後半で「校内で1番になった」とあるから4は不可で1が正解。gradually は、grade「等級、段階」が1つずつ上がっていくイメージで暗記しましょう。(**gradually** ☛46)

[解] **4** solve
[訳] 近頃、幼い子どもたちは、数学の最も基礎の問題さえ解くことができない。
[解説] 1 ~を返す 2 ~を探し求める 3 ~を覚えている 4 ~を解く、~を解決する
文内容から答えは4です。solve a problem「問題を解決する」は重要な表現です。answer a question「質問に答える」とセットで覚えておいて下さい。2の派生語 seeker「探す人」は、a job seeker「求職者」、a bargain seeker「特売品をあさる人」などで使います。(**solve** ☛47)

025 Although the ( ) of tennis are not clear, some people believe the game was invented by a British army officer in 1873.

1 origins 2 memories 3 signs 4 causes

026 Stacy's town is on a wide ( ) that stretches for many miles. There are hardly any trees —— just wheat and wild grass.

1 plain 2 ceiling 3 planet 4 crowd

やや難

027 When he returned to his hometown after being away for so long, Jack was ( ) to see how much things had changed.

1 guaranteed 2 praised 3 amazed 4 attempted

028 This class is too noisy. Everybody, ( ) down so we can hear the story.

1 sell 2 set 3 slide 4 settle

[解] **1** origins [英検準2級/2005年③]
[訳] 起源についてはっきりしたことはわかっていないが、テニスはイギリスの陸軍将校によって1873年に発案されたと信じている人もいる。
[解説] 1 起源　2 思い出　3 兆候　4 原因
後半の記述から「テニスの起源」についての話だとわかればOKです。なお、of ～ origin で「～を起源に持つ」の意味です。[例] Football is of British origin.「サッカーの起源はイギリスだ」。3の sign「兆候、兆し」は誤訳をしやすい単語なので辞書で確認しておいて下さい。(**origin** ☛48)

[解] **1** plain [英検2級/2007年②]
[訳] ステイシーの住んでいる町は何マイルにもわたって広がる大きな平野にあります。木はほとんどなく、生えているのは小麦と雑草のみです。

[解説] 1 平野、明白な：飾り気がない　2 天井　3 惑星　4 群衆
that 以下に「何マイルにもわたって広がる」とあるので「平野」だとわかります。「関東平野」なら the Kanto Plain となります。plain「平らな、明白な」の意味はよく知られていますが、「平野」の意味は知らない人が多いようです。(**plain** ☛51)

[解] **3** amazed [英検2級/2007年①]
[訳] 久しぶりに故郷に戻ったとき、ジャックはあまりにも多くの物が変化していたのを見て驚いた。

[解説] 1 ～を保証する　2 ～を褒める　3 ～を驚かせる　4 ～を試みる
受動態にして意味が通りそうなのは2、3だけ。さらに後半の「あまりにも多くの物が変化していた」から「驚いた」だとわかります。なお、amaze は主にプラスイメージの文で用いられることも覚えておいて下さい。(**amaze** ☛53)

[解] **4** settle
[訳] このクラスは騒がしすぎます。皆さん、話が聞こえるように静かにしなさい。

[解説] 1 ～を売る　2 ～を定める　3 滑らかにすべる　4 (settle down)静まる、～を解決する、～に定住する
前半に「うるさすぎる」とありますから settle down「落ち着く」が適切です。set ～ down は「(重たいモノを)そっと置く」「～を書き留める」という意味です。(**settle** ☛58)

029

A: Why are you shopping for a bicycle? Didn't you buy one just last month?
B: Yes, but unfortunately ( ) last week.

1　I was stolen it　2　it was robbed
3　it was stolen　4　someone was robbed

030

Many children in developing countries not only lack food and clean drinking water, but they are also ( ) of the chance to receive a decent education.

1　weary　2　deprived　3　discharged　4　fond

031

Steve and Sarah ( ) so much these days. I wonder if she will leave him.

1　discuss　2　argue　3　stick　4　consider

032

Yuki's test scores are excellent, but there is ( ) for improvement in her English.

1　gap　2　room　3　area　4　place

【解】**3** it was stolen　　　　　　　　　　　　　　　　センター試験

【訳】A:「なぜ自転車を買いに行くの？　先月買ったばかりじゃなかった？」
　　 B:「うん、残念なことに先週盗まれたんだよ」

【解説】1 訳出不能　2 それは襲われた　3 それは盗まれた　4 誰かが襲われた
I gave him a bag. を受動態にして He was given a bag. と言うことはできますが、steal は SVOO の形を取りませんから I was stolen it. という形はあり得ません。よって1は不可です。rob ~は「~を襲う」という意味です。たとえば、They robbed our ship. は「彼らは私たちの船を襲った」という意味で「奪った」ではありません。ですから2、4は不可です。以上から答えは3です。(**rob** ☞参考 59)

【解】**2** deprived　　　　　　　　　　　　　　　　英検準1級／2007年①

【訳】発展途上国では、多くの子どもたちが食料ときれいな飲み水が足りずに苦しんでいるだけではなく、きちんとした教育を受ける機会を奪われている。

【解説】1 うんざりしている　2 (deprive A of B) A から B を剥奪する　3 (気体、液体など)を排出する、~を解放する　4 大好きな
lack food「食べ物が不足している」に対応するものとしてマイナスイメージの単語を選びます。be weary of ~「~にうんざりしている」では意味が通りませんから2を選ぶことになります。3がワナです。3は The factory discharged its waste into the sea.「その工場は廃棄物を海に排出した」などで使います。(**deprive** ☞60)

【解】**2** argue

【訳】スティーブとサラは近頃、言い争うことがとても多い。彼女は彼と別れるのではないかしら。

【解説】1 ~を議論する　2 言い争う、(argue that SV)~を主張する　3 ~を貼りつける、貼りついている　4 ~を考慮する
後半の内容「彼女は彼と別れるのではないかしら」から、2が適切です。他動詞の1、4は不可。argue は、argue with 人「言い争う」の意味ですが argue that SV なら「SV を主張する」という意味になります。(**argue** ☞61)

【解】**2** room

【例】ユキのテストの点数はすばらしいが、英語に関しては改善の余地がある。

【解説】1 すき間、隔たり　2 余地　3 地域　4 場所
空所の前に冠詞がないことを確認し、空所には不可算名詞が入ることがわかれば2が選べるはずです。there is room for ~「~の余地がある」で覚えておきましょう。「ホームと線路の間があいていますのでご注意下さい」は、イギリス英語では Mind the gap. です。(**room** ☞62)

033

SONY will ( ) by building two new factories in Vietnam.

1 reduce 2 replace 3 exceed 4 expand

034

A: John, I heard that your girlfriend got angry with you for forgetting her birthday.
B: Yes, she did. But she ( ) me after I said I was sorry.

1 invented 2 caught 3 published 4 forgave

035

( ) is the scientific study of forces such as heat, light, and sound, and the way they affect objects.

1 Politics 2 Chemistry 3 Physics 4 Geography

036

Sorry, sir. You are not ( ) to smoke here.

1 designed 2 chased 3 allowed 4 produced

[解] **4** expand
[訳] ソニーは、ベトナムに新しい工場を2つ建設して、拡大するだろう。

[解説] 1 ~を減らす　2 ~に取って代わる　3 ~を超える、~より勝る　4 拡張する、膨張する
後半の「ベトナムに新しい工場を2つ建設して」から、4だとわかります。expand は、自動詞では「膨張する、発展する」という意味です。他動詞では「(建物、道路など)を拡張する」、「(期限など)を延期する」、「(力、支配など)を拡げる」という意味で使われます。(**expand** ☛64)

[解] **4** forgave　　　　　　　　　　　　　　　　　英検準2級/2006年①
[訳] A:「ジョン、君は彼女の誕生日を忘れていて彼女を怒らせたらしいね」
B:「そうなんだよ。でもごめんねって言ったら許してくれたんだけどね」

[解説] 1 ~を発明する　2 ~をつかむ　3 ~を公にする、~を出版する　4 ~を容赦する
「僕がごめんと言った後に彼女は(　　)してくれた」とありますから4「許してくれた」が正解です。allow O to (V)「O が V するのを許す」とは区別して下さい。また、forgive +人+ for ~「~のことで人を許してやる」も重要です。(**forgive** ☛66)

[解] **3** Physics　　　　　　　　　　　　　　　　　　センター試験
[訳] 物理学は熱、光、音などの力を科学的に研究し、それらの力が物体にどのような影響を及ぼすかを解明する学問である。
[解説] 1 政治(学)　2 化学　3 物理(学)　4 地理(学)
後半の forces「力」云々に注目すれば3が選べるはずです。なお、chemistry を定義すれば the scientific study of the structure of substances and the way that they change or combine with each other「物質の構造と物質の変化や互いの結びつきを研究する学問」となります。(**physical** ☛67)

[解] **3** allowed
[訳] 申し訳ありません、お客様。ここは、禁煙となっております。

[解説] 1 ~を設計する　2 ~を追跡する　3 (allow O to V) O が V するのを許す　4 ~を生産する
意味をなす動詞は3しかありません。なお名詞形の allowance は、an unemployment allowance「失業手当」や、an allowance of $5 a day「1日5ドルの小遣い」などで使います。(**allow** ☛68)

037

Nobody could ( ) Jim after he grew a beard and shaved his head.

1 realize 2 discover 3 imagine 4 recognize

038

A: I think I'm going to ( ) the job at the bank.
B: That's great. You'll get some good experience working there.

1 connect 2 accept 3 translate 4 imagine

やや難

039

Peter is so forgetful. His wife has to ( ) him about everything!

1 repeat 2 repair 3 remind 4 refresh

040

Although Alex did badly on the final math exam, he passed the course because his teacher ( ) of the fact that he'd been sick a lot during the year.

1 took charge 2 made fun 3 took account 4 made sense

[解] **4** recognize
[訳] ジムがあごひげをはやして、頭を丸めてから、彼がジムだと誰もわからなくなった。
[解説] 1 ~を現実化する、~がわかる 2 ~を発見する 3 ~を想像する 4 ~がわかる、~を認識する
文脈から「ジムがジムだとわかった」という意味が適切で4を選びます。realize ~は that 節を目的語に取る場合には「~をわかる」と訳せますが、realize ＋人の形では使いませんから注意して下さい。(**recognize** ☞69)

[解] **2** accept 英検準2級/2007年②
[訳] A：「その銀行で働くことになる[←その仕事を受け入れる]と思うよ」
B：「いいじゃないか。銀行で働くのはいい経験になると思うよ」

[解説] 1 ~をつなぐ 2 ~を受け入れる 3 ~を翻訳する 4 ~を想像する
the job「その仕事」を目的語に取り意味の通じるものは2しかありません。accept は、「(申し出、招待、提案など)を受け入れる」が基本的な意味ですが、それ以外でも「(職務、責任、非難など)を引き受ける」の意味でも使います。1がワナです。(**accept** ☞71)

[解] **3** remind
[訳] ピーターはとても忘れっぽい。彼の妻は彼にすべてを思い出させなければならない。
[解説] 1 ~を繰り返す 2 (老朽化、破損したもの)を修理する 3 (remind 人 of / about ~) 人に~を思い出させる 4 ~を爽やかな気分にさせる
remind は、remind 人 of / about ~で「人に~を思い出させる」の意味です。remind 人 that SV / to (V) でも使うことができます。remember ~「~を覚えている」とは区別して下さい。(**remind** ☞74)

[解] **3** took account 英検2級/2007年②
[訳] アレックスは数学の学年末考査がとても悪かったが、その年は病気でずっと休んでいたことを先生が考慮してくれたおかげで、なんとか単位を取ることができた。
[解説] 1 担任する 2 馬鹿にする 3 考慮する 4 理解する
「試験の点が悪かったのに単位が取れた」から、「病気のことを考慮してもらった」のだとわかります。make sense だけなら「意味をなす」で、make sense of ~は「~から意味を作る」→「~を理解する」です。(**account** ☞76)

041

Harry just got his first part-time job. He wants to save some of the money he earns, so he plans to open an (　) at his local bank.

1　income　2　exhibit　3　industry　4　account

042

Walter found it difficult to tell the truth, so he had to (　) a story.

1　combine　2　describe　3　explain　4　invent

043

AIDS is a serious problem in some countries, and (　) it from spreading is extremely difficult.

1　defending　2　encouraging　3　preventing　4　guarding

044

School children in many countries raise a hand in the air to (　) that they want to answer a question.

1　obtain　2　indicate　3　analyze　4　calculate

[解] **4** account　　　　　　　　　　　　　　　　　　英検2級/2008年①
[訳] ハリーは生まれて初めてアルバイトを始めた。稼いだ金の一部を貯金に回したいと思っているので、地元の銀行で口座を開くつもりだ。

[解説] 1 収入　2 展示、展示品　3 工業　4 口座、説明
「貯金したい」とあるから4が適切です。account は「数え上げること」が原義で、「通帳の口座の出納状況を数え上げる」というイメージ。(**account** ☛76)

[解] **4** invent　　　　　　　　　　　　　　　　　　センター試験
[訳] ウォルターは真実を言うのが難しいと考え、話をでっち上げた。

[解説] 1 ～を組み合わせる　2 ～がどのようなものか述べる　3 (explain A to B) B に A を説明する　4 (話など)をでっち上げる、～を発明する
目的語が a story ですから適切なものは4しかありません。invent は「作り出す」が原義です。「(機械など)を発明する」の意味だけでなく「(話、言い訳など)をでっち上げる」という意味も覚えておいて下さい。ワナは2です。(**invent** ☛77)

[解] **3** preventing
[訳] エイズは一部の国々で深刻な問題であり、それが広がるのを防ぐことは、きわめて難しい。
[解説] 1 (人、権利、国など)を防御する、守る　2 ～を励ます、～を促す　3 ～を予防する　4 (危険などから人、物など)を守る
目的語の「病気」と結びつく動詞は3のみです。prevent A from B「A が B するのを妨げる」も重要ですが、まずは「～を予防する」で覚えて下さい。1にした人が多い問題ですが、1は目的語に来るものの種類が違います。(**prevent** ☛78)

[解] **2** indicate　　　　　　　　　　　　　　　　　英検2級/2006年①
[訳] 多くの国では、子どもたちは質問に答えたいという意志を示すために手を挙げる。
[解説] 1 ～を得る　2 ～を示している　3 ～を分析する　4 ～を計算する
that 節を目的語として取れるのは2のみです。indicate は「(手、指などで)～を指し示す」から「(計器などが)～を示す」、「(事物が)～を示す」まで使えます。[例] A red sky at night often indicates fine weather the next day. 「夜空に赤みがあると次の日は晴天であることが多い」。(**indicate** ☛81)

045

The government's decision was to ( ) taxes.

1 rise 2 have been rising 3 raise 4 be raising

046

Freud regarded play as the ( ) by which children accomplish their first great cultural and psychological achievements; through play they express themselves.

1 gratitude 2 means 3 attitudes 4 performance

やや難

047

Mike ( ) the prices of several different computers before he decided which one to buy.

1 disturbed 2 adjusted 3 attended 4 compared

048

A recession in the U.S. and Europe means that fewer Japanese products are ( ) to those regions.

1 achieved 2 contained 3 deceived 4 exported

[解] **3** raise 〔センター試験〕
[訳] 政府の決定は税金を上げることであった。

[解説] 1 上がる　2 上がりつつある　3 ～を上げる　4 ～を上げつつある
空所の後には目的語があり他動詞が入ります。よって1、2が消えます。4にすると「政府の決定は税金を上げつつあることだった」という意味不明な文になります。ですから3が正解です。rise は「上がる、上がること」、raise ～は「～を上げる、上げること」です。sunrise「日の出」、pay raise「賃上げ」と覚えておきましょう。（**raise** ☛82）

[解] **2** means
[訳] フロイトは、劇とは、子どもたちが文化的および心理学的に初めて達成感を覚えることができる手段だと考えた。彼によると、子どもたちは劇を通じて自己を表現する術を学ぶということだ。

[解説] 1 感謝　2 手段　3 態度　4 行うこと、遂行、演技
後半の「劇を通じて」より、劇が「手段」であることがわかれば、正解は2だとわかります。means「手段」は単複同形の名詞で、meaning「意味」、mean「～を意味する」とは区別が必要です。play という単語を見て4にしてしまった人が多かったようです。（**means** ☛85）

[解] **4** compared 〔英検2級/2008年①〕
[訳] マイクはどれを買うか決めるために、いくつかの違うコンピュータの価格を比較した。

[解説] 1 ～の邪魔をする、(平和、静けさなど)を乱す　2 ～を適合させる、～を調節する　3 ～に出席する　4 ～を比較する
文意より4が適切です。compare は、compare A with / to / and B で「A と B を比較する」という形でよく使いますが、本問のような compare ＋複数形でも OK です。（**compare** ☛86）

[解] **4** exported
[訳] アメリカとヨーロッパが不景気だということは、それらの地域への日本の製品の輸出は減っているということだ。

[解説] 1 ～を達成する　2 (有形の入れ物の中に)～が含まれている　3 ～をだます　4 ～を輸出する
前半に「アメリカとヨーロッパが不景気だ」とありますから「それらの地域への日本の製品の輸出は減っている」が適切で、4が正解です。export「～を輸出する」⇔ import「～を輸入する」で暗記して下さい。（**export** ☛88）

049

The event provided an excellent (　　) to bring together students from all over the world.

1 investment 2 scenery 3 opportunity 4 operation

050

There is only a slight (　) that we will land on the planet Mars by the end of the century.

1 ability 2 capacity 3 opportunity 4 possibility

051

The new mayor promised to improve (　) in the city by adding more bus and train services.

1 transportation 2 opposition 3 recognition 4 nutrition

052

From the (　) on my teacher's face, I knew I was in trouble.

1 expression 2 statement 3 pressure 4 delivery

[解] **3** opportunity
[訳] そのイベントのおかげで、世界各国の学生が一堂に会するという素晴らしい機会ができた。

[解説] 1 投資　2 （自然の美しい）風景　3 好機　4 操作、手術
後半の内容から3が答えだとわかります。なお provide an opportunity to (V)「V する好機を提供する」、take advantage of an opportunity to (V)「V する好機を利用する」は頻出です。(**opportunity** ☞89)

[解] **4** possibility　　　　　　　　　　　　　　　　　　　センター試験
[訳] 今世紀末までに人類が火星に着陸できる可能性はほとんどない。

[解説] 1 能力　2 （潜在）能力　3 好機　4 可能性
that 節と同格関係を作れる名詞は4だけです。その他の名詞の用法は、the ability to (V)、the capacity for (V)ing／to (V)、the opportunity to (V)。(**opportunity** ☞ 参考89)

[解] **1** transportation　　　　　　　　　　　　　　　英検2級／2008年①
[訳] 新市長はバスや電車を増便することで町の交通手段を改善すると約束した。

[解説] 1 交通手段　2 反対　3 認識　4 栄養
「バスや電車を増便する」から1が適切です。transportation は、日本語の「交通手段」と「輸送手段」をまとめたような単語です。イギリス英語では transport になります。(**transportation** ☞90)

[解] **1** expression
[訳] 私は、先生の表情から、自分が困ったことになっていることがわかった。

[解説] 1 表現すること、表情　2 理路整然と述べること、意見、声明　3 圧力　4 届けること、配達
「顔の上の〜」ですから1が正解だとわかります。statement は state「（理路整然と）〜を述べる」の名詞形です。また delivery は deliver「〜を配達する」の名詞形です。いずれも文脈に合いません。(**express** ☞92)

053

Tom needs to relax, so there is no more ( ) birthday gift for him than a trip to a hot spring resort.

1 anxious 2 appropriate 3 inferior 4 initial

054

A: Can you come around for dinner tomorrow night?
B: That ( ) on what time I finish work.

1 happens 2 changes 3 depends 4 impresses

055

Hundreds of Japanese tourists visit London daily. Though some of them are ( ) travelers, the majority are in groups or on package tours.

1 curious 2 weary 3 temporary 4 independent

やや難

056

When David went to college, he decided to study ( ). He wanted to learn how to help farmers.

1 agriculture 2 literature 3 animation 4 linguistics

[解] **2** appropriate
[訳] トムは息抜きをする必要があるので、温泉旅行は彼の誕生日プレゼントにぴったりだ。
[解説] 1 心配な 2 適切な 3 劣った 4 初めの、最初の
リラックスのためには温泉が「適切」です。よって2が正解。appropriate は「ケースバイケースの適切さ」について使われます。なお、後半の英文を書き換えると、No birthday gift for him is more appropriate than a trip to a hot spring resort. となります。いわゆる no more の構文ではありませんから注意して下さい。(**appropriate** ☞99)

[解] **3** depends
[訳] A:「明日の夜、夕食を食べに来られませんか?」
　　B:「何時に仕事が終わるかによります」

[解説] 1 起こる 2 変化する 3 (depend on ~)~次第である、~に頼る 4 ~に(強い)印象を与える
空所の後の on と結びつくのは3のみです。人 depend on ~「人が~に頼る」、モノ depend on ~で「モノは~次第だ／~で決まる」という訳になります。(**depend** ☞104)

[解] **4** independent
[訳] 毎日何百人もの日本人が観光でロンドンを訪れている。中には個人で旅行している人もいるが、大多数は団体旅行かパック旅行だ。

[解説] 1 好奇心の強い、奇妙な 2 疲れた 3 一時的な 4 独立した、自立した
後半の「団体旅行かパック旅行」=「依存している」の反意語になるものを探せば4だとわかります。団体旅行客でも curious travelers となる場合もありますから1は不可です。
(**independent** ☞105)

[解] **1** agriculture　　　　　　　　　　　　　　　　英検2級/2006年②
[訳] ディビッドは大学に通っていた頃、農学を学ぶ決心をした。どうやったら農家の人を助けることができるか学びたかったのだ。

[解説] 1 農学、農業 2 文学、文献 3 生気を与えること、アニメ 4 言語学
後半の「いかにして農家の人を助けるか」から答えは1だとわかります。なお、agriculture より口語的な単語は farming です。(**agriculture** ☞108)

057

A ( ) is the money that you pay for a journey made, for example, by bus, train, or taxi.

1 charge 2 cost 3 fare 4 fee

058

Rodney played an important ( ) in making the school festival a success. He made all of the posters and hung them around the school.

1 role 2 goal 3 topic 4 field

059

I have no ( ) about leaving home, except that I miss our pet dog.

1 origins 2 regrets 3 quantities 4 treatments

060

Don't put too much emphasis on times and schedules. People, depending on their culture, may ( ) being on time differently.

1 admire 2 arrange 3 regard 4 remind

【解】 **3** fare　　　　　　　　　　　　　　　　　　　　センター試験
【訳】「運賃」とはバスや、電車や、タクシーなどに乗る時に支払うお金のことである。
【解説】 1 (サービスに対する)料金　2 費用　3 運賃　4 (専門職に対する)謝礼、授業料
後半の記述から3が正解だとわかります。「バス賃」なら a bus fare となります。a fare adjustment machine は「料金精算機」のことです。fee は、medical fees「医療費」、admission fees「入場料」、school fees「学費」などで覚えておいて下さい。(**fare** ☞109)

【解】 **1** role　　　　　　　　　　　　　　　　　　英検準2級/2007年②
【訳】 ロドニーは文化祭を成功させる上で重要な役割を果たした。彼はすべてのポスターを作り、校内に掲示したのだ。

【解説】 1 役割　2 目的　3 話題　4 分野
play と結びつく単語は1しかありません。play a ~ role で「~な役割を果たす」です。play a ~ part もほぼ似た意味です。role は、roll「転がる、~を転がす」と同系語で、元は「役者の台詞を書いた巻き物」の意味でした。(**role** ☞113)

【解】 **2** regrets
【訳】 家を出たことに後悔はない。ペットの犬がいなくて寂しいこと以外は。

【解説】 1 起源　2 後悔　3 量　4 扱うこと、治療
「ペットの犬がいなくて寂しいこと以外は~がない」という内容から、「~」にはマイナスイメージの単語が入ります。選択肢の中でマイナスイメージの単語は2しかありません。regret は名詞も動詞も同形です。to one's regret「~が後悔したことには」。(**regret** ☞115)

【解】 **3** regard　　　　　　　　　　　　　　　　　　　センター試験
【訳】 時間や計画に重点を置きすぎてはダメです。人々の時間を守ることに対する姿勢は、その文化に応じて異なるかもしれないからです。
【解説】 1 ~を称賛する　2 ~を並べる、~の手はずを整える　3 (regard A as B) A を B とみなす、~を見る　4 (remind 人 of / about ~) 人に~を思い出させる
regard は regard O as C「OをCとみなす」という形が頻出ですが、元は「~を見る」という意味です。ですから regard ~＋副詞で「~を…と捉える、考える」という連語が可能なことを覚えておいて下さい。[例] regard ~ with curiosity「好奇心を持って見る」。30%近い人が2にしています。(**regard** ☞117)

061

Nancy had nothing left after her home was destroyed by the ( ).

1 flood   2 injury   3 laughter   4 mustard

062

Fred could no longer ( ) his father after he was sent to prison.

1 offend   2 project   3 respect   4 tease

063

It is so hot and wet in summer that diseases ( ) quickly.

1 stop   2 cure   3 spread   4 hurt

064

Surprisingly, Kate seemed ( ) on stage even though she had practiced her lines over and over.

1 confident   2 evil   3 nervous   4 qualified

[解] **1** flood
[訳] ナンシーは家が洪水の被害にあって、すべてを失った。

[解説] 1 洪水　2 怪我　3 笑い　4 カラシ
「すべてを失った」ということは1が適切です。Noah's Floodで「ノアの洪水」です。動詞では「～を水浸しにする」という意味です。[例] The lake was flooded by the heavy rain.「その湖は大雨で氾濫した」。(**flood** ☞116)

[解] **3** respect
[訳] フレッドは父が投獄されてから、父を尊敬することは、もはやできなかった。

[解説] 1 ～の気分を害する　2 ～を計画する　3 ～を尊敬する　4 ～を(言葉で)からかう、～をじらす
「父が投獄された後できなくなること」という文意から3が適切だとわかります。プラスイメージの単語は2、3ですが、人を目的語にできる単語は3だけです。なお4は、I used to get teased about my name.「私は以前は名前のことでよくからかわれた」などで使います。
(**respect** ☞119)

[解] **3** spread
[訳] 夏はとても暑くてじめじめしているので、病気は一気に広がってしまう。

[解説] 1 ～を止める、止まる　2 ～を治す　3 ～を一面に広げる、広まる　4 ～を傷つける
主語が病気で、quicklyという副詞がついていますから3が正解だとわかります。spreadは、自動詞「広がる」でも他動詞「～を広げる」でも使えます。4のhurtは、目的語にone's feelings「人の気持ち」、the environment「環境」なども使えます。(**spread** ☞121)

[解] **3** nervous
[訳] ケイトは自分のセリフを何度も何度も繰り返し練習したにもかかわらず、舞台に上がった時、緊張していたようだったのには驚いた。

[解説] 1 自信がある、信頼している　2 邪悪な、悪い　3 上がっている、神経の　4 資格がある
「何度もセリフを練習したのに～」とあるからマイナスイメージのものが答えとなり3だとわかります。nervousは、「ドキドキしている、上がっている」の感じの単語です。(**nervous** ☞125)

065

The dog was ( ) by the loud noise and ran away.

1 abandoned 2 blamed 3 chased 4 frightened

066

I ( ) going to the movies on weekends to staying at home and watching TV.

1 feel 2 suppose 3 prefer 4 think

067

A: Would you rather eat at home or go to a restaurant tonight?
B: I don't have a strong ( ). You decide.

1 preference 2 performance 3 sensibility 4 selection

やや難

068

The flowers on the table were so beautiful. When I touched them, however, I found they were ( ).

1 artificial 2 superficial 3 unnatural 4 untrue

[解] **4** frightened
[訳] 犬は大きな物音に怯えて逃げ去った。

[解説]　1　~を断念する、(車、船、国、家族など)を置き去りにする　2　(blame A for B) Bの責任はAにあるとする　3　~を追いかける　4　~を怯えさせる
文意が通るのは4だけです。frighten ~は「怯える」ではなくて、「~を怯えさせる」であることに注意して下さい。scare のほうが日常的な単語です。(**scare** ☛参考126)

[解] **3** prefer　　　　　　　　　　　　　　　　　　　　　英検準2級/2007年①
[訳] 週末は家にいてテレビを見ているよりは、映画を見に行くほうがいい。

[解説]　1　~と感じる　2　(suppose that SV)~と思う　3　(prefer A to B)BよりもAを好む　4　思う
1は feel like (V)ing「~したい気分である」の形で用います。2 suppose、4 think は動名詞を目的語には取りません。よって3が正解です。prefer A to B「BよりAのほうを好む」の形で暗記すべき語です。(**prefer** ☛127)

[解] **1** preference　　　　　　　　　　　　　　　　　　　英検2級/2006年②
[訳] A:「今晩は家で食事をしたいですか、それとも外食したいですか?」
　　 B:「特にどちらがいいということはないですよ。決めて下さい」
[解説]　1　好み　2　行うこと、遂行、演技　3　繊細さ　4　選択、精選
「どちらかに決めろ」と言われて、「君が決めてよ」と言っていることから「僕には特に好みはない」が適切です。「私はどちらでもいいです」は I have no preference. です。prefer A to B「BよりAのほうを好む」の名詞形です。4にした人が多い問題ですが、have a ~の形では使いません。[例] make a selection「精選する」。(**prefer** ☛127)

[解] **1** artificial　　　　　　　　　　　　　　　　　　　　　センター試験
[訳] テーブルの上の花はとても美しかったが、触ってみたら造花であることがわかった。

[解説]　1　人工の、模造の　2　表面的な　3　不自然な　4　嘘の
「美しいと思ったのに」とありますから1が適切です。日本語の「アートフラワー」は英語では flower arrangement です。英語の artificial flowers は「造花」の意味です。なお3の unnatural は「不自然な」という意味ですから不適です。(**artificial** ☛129)

069

Steve only had a ( ) knowledge of German when he moved to Berlin 15 years ago, but now he translates books from German into English.

1 superficial 2 singular 3 notable 4 distinct

070

Residents of the apartment building complained that they were not given ( ) notice of the rent increase.

1 defective 2 hypothetical 3 sufficient 4 inferior

071

A ( ) of fiber can lead to stomach cancer.

1 sufficiency 2 deficiency 3 diffusion 4 disposition

072

If you stay up late tonight, don't ( ) about being tired in the morning.

1 translate 2 recommend 3 propose 4 complain

[解] **1** superficial　　　　　　　　　　　　　　　英検準1級2006年①

[訳] スティーブは、15年前にベルリンに引っ越した時にはドイツ語はほんの限られた知識しかなかったが、今はドイツ語から英語へ本の翻訳をしている。

【解説】　1 表面的な　2 並はずれた　3 目立つ、卓越した　4 まったく異なる、目立った
空所の前に only があり「～な知識しかなかった」とあるので、1が適切です。なお、singular は文法用語では「単数の(⇔ plural「複数の」)」の意味ですが、正式な用法では「並はずれた、非凡な」ですから注意して下さい。これを選んでしまった人が多い問題です。(**superficial** ☜130)

[解] **3** sufficient　　　　　　　　　　　　　　　英検準1級/2007年①

[訳] そのアパートの住人たちは、事前に家賃の値上げに関して十分な説明がなかったと苦情を言った。

【解説】　1 欠陥のある　2 仮説に基づいた、仮定の　3 十分な　4 劣った
空所の後の notice は「告知、通達」の意味。これと結びつく形容詞は3しかありません。2を選んだ人が多い問題ですが、2は hypothesis「仮説」の形容詞形です。(**sufficient** ☜131)

[解] **2** deficiency

[訳] 食物繊維の不足は、胃がんを引き起こしうる。

【解説】　1 十分　2 欠乏　3 発散、拡散　4 配置、性質
「～が胃がんを引き起こす」から2を選びます。a vitamin deficiency「ビタミンの欠乏」の形で覚えておきましょう。4は dis-【分ける】+ -position【置くこと】から「神様から分けられたもの」→「性質」となりました。4にしてしまった人が多い問題です。(**sufficient** ☜参考131)

[解] **4** complain

[訳] もし今夜遅くまで起きているなら、朝、疲れたと文句を言わないでね。

【解説】　1 (～を)翻訳する　2 ～を推薦する　3 ～を提案する　4 苦情を言う、文句を言う
空所には自動詞が入るので4が正解です。意味を考えても4しか考えられません。complain は complain of / about ～あるいは complain that SV の形で用いられます。なお1は translate A into B「A を B に翻訳する」で覚えましょう。(**complain** ☜135)

073

Edward (　) Susan of going out with other boys behind his back.

1 accused　2 blamed　3 charged　4 criticized

074

There is a (　) among young people to move to big cities to go to college. Many of them never return to live in their hometowns.

1 tendency　2 circumstance　3 foundation　4 proportion

075

May I have your (　), please? The store will close in ten minutes.

1 difference　2 freedom　3 attention　4 pattern

076

Professor Pearson is very popular with the students, so the level of (　) at his lectures is always very high.

1 fitness　2 income　3 courage　4 attendance

[解] **1** accused
[訳] エドワードはスーザンがこっそりと他の男の子たちとデートしていることを責めた。

[解説] 1 (accuse A of B) BでAを責める　2 (blame A for B) Bの責任はAにあるとする　3 (charge A with B) BでAを非難する、(charge that SV)〜だと非難する　4 (criticize A for B) BでAを批判する
後ろの文のofに注目して1を選びます。accuse A of BのBには、誰に尋ねても「悪」だという返事がかえってくる内容が来ます。通例、「賞罰」の動詞は、「理由を示すfor」を伴うのが普通ですが、accuseは例外的にofを取ります。(**accuse** ☞139)

[解] **1** tendency　　　　　　　　　　　　　　　　英検2級/2006年③
[訳] 若者の間では大学に行くために大都市に引っ越しする傾向がある。故郷に戻ってきて暮らすことはまれである。

[解説] 1 傾向　2 (通例複数形)事情　3 基礎、設立　4 割合、比例
There is a tendency for/among 〜 to (V)で「〜にはVする傾向がある」という慣用的な表現です。動詞の tend to (V)と同様に、名詞形の tendencyも to (V)を取るわけです。(**tend** ☞141)

[解] **3** attention
[訳] お知らせいたします。当店は、あと10分で閉店いたします。

[解説] 1 違い　2 自由　3 注意、注目　4 型
閉店のアナウンスで流れてくる決まり文句は May I have your attention, please? です。先生が生徒に対して I need your attention. と言うこともあります。attention は、これ以外にも pay attention to 〜「〜に注意を払う」、draw / attract one's attention「〜の注意を引く」が重要です。(**attend** ☞143)

[解] **4** attendance　　　　　　　　　　　　　　英検2級/2006年②
[訳] ピアソン教授は生徒たちの間で大変人気があるので、彼の授業への生徒の出席率はいつもとても高い。

[解説] 1 適すること　2 収入　3 勇気　4 出席
空所の後のatと結びつくものは4しかありません。attendance at 〜で「〜への出席」の意味です。動詞形は attend 〜「〜に出席する」です。なお「出席を取る」は call / take the roll です。(**attend** ☞143)

077
We were horrified when we saw the (　) of the damage.

1 authority　2 extent　3 guarantee　4 selection

078
Our PE teacher, a (　) professional basketball player, is coaching the school team.

1 previous　2 late　3 once　4 former

079
Our father always found time for us, (　) his busy schedule.

1 despite　2 instead　3 moreover　4 nevertheless

080
Freddy stayed up all night to (　) his history homework.

1 survive　2 remain　3 complete　4 separate

[解] 2 extent
[訳] 私たちは被害の大きさを見てぞっとした。

[解説] 1 権威、(複数形で)当局　2 程度　3 保証　4 選択、精選
「被害の〜」とあるので2が適切です。extent は extend「伸びる、伸ばす」の名詞形の1つで、「〜の広がり」の意味では、通例 the extent of〜の形で使います。[例] the full extent of the town「街の全景」。3にしてしまった人が多い問題ですが、3の guarantee は、たとえば This computer has a three-year guarantee.「このコンピュータは3年間の保証付きだ」、I can guarantee your success.「君の成功は僕が保証するよ」などで使います。(**extend** ☞144)

[解] 4 former　　　　　　　　　　　　　　　　　　　　　　　　　　　　センター試験
[訳] 私たちの体育の先生は元プロバスケットボールの選手で、学校の部活動を指導してくれます。

[解説] 1 前の　2 遅い、(the 〜で)故〜　3 一度、かつて　4 元〜
「元野球選手」や「元教師」などの「元〜」は、4の former を用います。previous は、たとえば the previous owner で「現在の所有者の前の所有者」という意味で使われます。空所の後には名詞がありますから副詞の3「かつて」は不可です。late にも「元〜」の意味はありません。この問題の正答率はかなり低く全体の約半数の人が1を選んでしまいました。(**previous** ☞参考146)

[解] 1 despite
[訳] 父は忙しい身ではあるが、いつも私たちのために時間を割いてくれる。

[解説] 1 〜にもかかわらず　2 代わりに　3 更に　4 それにもかかわらず
空所には前置詞が入ります。ですから副詞の2〜4は消えます。despite〜は in spite of〜より formal な語です。despite the fact that SV「SV にもかかわらず」は重要です。
間違えて4を選んだ人が多かった問題です。4は nonetheless が変形された副詞で、前置詞ではありませんから要注意です。(**despite** ☞147)

[解] 3 complete
[訳] フレディは歴史の宿題を仕上げるために、徹夜した。

[解説] 1 生き残る、〜を乗り越え生き残る　2 残る、〜のままである　3 〜を完成する　4 〜を分ける
文意が通じるのは3のみ。complete は形容詞の場合には「完全な」で、動詞の場合には「〜を完成する」の意味です。(**complete** ☞148)

081

Sarah (　) forgot about her date and worked overtime!

1 previously   2 formerly   3 completely   4 nearly

082

My company is a little strange. They (　) me with a parking space, but I cannot drive!

1 confused   2 postponed   3 provided   4 confronted

083

The food (　) took over a week to reach the earthquake victims.

1 statement   2 wreck   3 supply   4 release

084

Japan made great economic (　) in the 1970s and exported cars all over the world.

1 security   2 similarity   3 routine   4 progress

[解] **3** completely
[訳] サラはデートのことを完全に忘れていて、残業した。

[解説] 1 以前に 2 以前は 3 完全に 4 (しばしば数字の前に置かれて)ほとんど
forget と結びつく副詞は3だけです。なお本文とは無関係ですが I forgot. は「忘れていたが、今思い出した」の意味で、I forget. は「忘れて思い出せない」という意味です。微妙な差のようですが、意味はまったく異なりますので注意して下さい。(**complete** ☞148)

[解] **3** provided
[訳] 私の会社は少し変だ。会社は私に駐車場を提供してくれたのだが、私は運転できないのだ。
[解説] 1 ~を混乱させる 2 ~を延期する 3 (provide A with B) A に B を提供する 4 (A confront B) A が B に立ちはだかる
形と意味から3が正解です。なお、provide は「必要とする人に、必要なものを提供する」という意味で使われます。ここでは「必要でない人に与えた」から「少し変だ」となったわけです。4の confront が with を伴う場合は、通例受動態の be confronted with ~の形です。(**provide** ☞150)

[解] **3** supply
[訳] 食料が地震の被害者たちのところに届くのに1週間かかった。

[解説] 1 理路整然と述べること、意見、声明 2 破損、難破 3 供給 4 解放
後半の記述から「食料の供給」であることは明らかで3が正解。名詞の supply は、supply and demand「需要と供給(英語とは順序が逆です)」で暗記しておいて下さい。また動詞の場合は supply +人+ with ~「人に~を供給する」で使います。(**supply** ☞151)

[解] **4** progress
[訳] 日本は1970年代に大きな経済成長を遂げ、世界中に自動車を輸出した。

[解説] 1 安全 2 類似、相似 3 日課 4 進歩
make progress で「進歩する」です。progress は常に不可算名詞の扱いで、make a great progress にはならないことに注意して下さい。progress や、weather「天気(雲の流れ)」、traffic「交通(バイク、車の流れ)」、information「情報」など流れるものは不可算名詞が基本です。(**aggressive** ☞参考156)

083

To "( )" means to cause someone to do something by reasoning, arguing, or begging.

1 command 2 direct 3 order 4 persuade

やや難

086

My son is so ( ) when we go shopping that I end up with no money!

1 conservative 2 addictive 3 persuasive 4 passive

やや難

087

After being asked for the third time, Mary finally ( ) to her brother that she had broken his MD player. But she insisted that it had been an accident.

1 admitted 2 compared 3 referred 4 occurred

難

088

( ) housing is now hard to find in China's cities, because of rapid economic growth.

1 Affluent 2 Affordable 3 Digital 4 Potential

難

[解] **4** persuade 〔センター試験〕
[訳] 「説得する」というのは、理詰めで話をしたり、主張したり、頼み込んだりすることによって、誰かに何かをしてもらうよう仕向けることである。

[解説]　1 (軍隊など)を指揮する、~を命令する　2 ~に指図する　3 ~を注文する、~に命令する　4 ~を説得する
後半の記述から適切な単語は4です。日本語の「説得する」は成功の可否は明確ではありませんが、persuade は「説得に成功する」の意味ですから注意して下さい。なお、command の名詞形を用いた熟語 have a good command of 言語「言語に命令できる力を持つ」→「言語を自由に使える能力を持っている」は重要です。(**persuade** ☞157)

[解] **3** persuasive
[訳] 買い物に行くと、息子はとてもしつこく買うように言うので、お金がなくなってしまう。

[解説]　1 保守的な　2 中毒性がある　3 説得力のある　4 受動的な、消極的な
「最後は買い物でお金がなくなってしまう」とありますから、3が適切です。3の動詞形は persuade ~ to (V)「~にVするよう説得する(ことに成功する)」です。2は、中毒性のあるものを主語にして使われます。Heroin is highly addictive.「ヘロインはきわめて習慣性が強い」。(**persuade** ☞157)

[解] **1** admitted 〔英検2級/2005年③〕
[訳] メアリーは弟のMDプレーヤーを壊したかと尋ねられて、3回目でやっと認めた。しかし、彼女はわざとやったのではないと言い張った。

[解説]　1 ~をしぶしぶ認める　2 (compare A with B) AとBを比べる、~を比較する　3 (refer to ~) ~について言及する、~を示す　4 生じる
空所の後の形に合う動詞は1のみ。admit (to 人) that SV「(人に) SVを認める」の意味です。to を見て3にしてしまった人が約40%いる問題です。(**admit** ☞159)

[解] **2** Affordable
[訳] 手頃な価格の住宅を中国の都市で見つけるのは、急速な経済成長のため、今や難しい。

[解説]　1 裕福な　2 手頃な価格の　3 デジタルの　4 将来~になるかもしれない
3、4は不可として、1は、「人」「地域」に対して用いる形容詞で不可です。[例] an affluent family「裕福な家族」。これを選んだ人が半数以上います。なお、答えとなる affordable は can afford ~「~する余裕がある」の形容詞形です。知らない人も多い単語ですが、実際にはよく使われている形容詞です。affordable cars「大衆車」。(**afford** ☞161)

089

The police ( ) any cars which are parked in front of the station.

1 return   2 release   3 remove   4 reveal

090

If you can find ( ), you will finish all your homework in the first week of the holiday.

1 motivation   2 edition   3 tradition   4 explanation

091

Karl's baby sister can't eat by herself yet, so sometimes Karl helps his mother ( ) her.

1 tease   2 feed   3 share   4 cure

092

People were talking so loudly in the library that Jill couldn't concentrate. Finally, she got ( ) with the noise and complained to the librarian.

1 passed by   2 drawn out   3 chased after   4 fed up

[解] **3** remove
[訳] その駅前に駐車している車はすべて、警察が撤去する。
[解説] 1 ~を返す 2 ~を解放する 3 ~を取り除く 4 ~を暴露する、~を明らかにする
「駅前に駐車している車はすべて」とありますから3が適切です。remove A (from B)で「Aを(Bから)取り除く」という意味です。Aに来る名詞は様々なものがありますから辞書で確認してみて下さい。［例］Unidentified baggage may be removed from the train at stations along the way.「持ち主が確認できない荷物は、途中駅で降ろす場合もあります」。(**remove** ☛163)

[解] **1** motivation
[訳] もしも、動機となるものが見つかれば、休みの最初の1週間ですべての宿題を終わらせるだろう。

[解説] 1 動機づけ 2 版 3 伝統 4 説明
文脈上、空所に入るのは1だけです。motivate は motive「動機」の派生語で motivate O to (V)で「Oを刺激してVさせる、OにVする動機を与える」の意味です。その名詞形が motivation です。(**motive** ☛164)

[解] **2** feed　　　　　　　　　　　　　　　英検準2級/2006年②
[訳] カールの幼い妹はまだ自分で食事をすることができない。だから、カールは時々母親が妹にご飯を食べさせるのを手伝う。
[解説] 1 ~を(言葉で)いじめる、~をじらす 2 ~に食べ物を与える 3 ~を共有する 4 ~を治す
前半の「一人では食べられない」から答えは2だとわかります。feed +動物の場合には「~にえさをやる」という意味になります。feed ; fed ; fed の変化形にも注意して下さい。(**feed** ☛165)

[解] **4** fed up　　　　　　　　　　　　　　英検2級/2007年②
[訳] 周りの人々が図書館で大声で騒いでいたので、ジルは集中できなかった。あまりのうるささにジルはとうとう我慢できなくなり、図書館司書に苦情を言った。

[解説] 1 ~を通り過ぎる 2 ~から手を引く 3 ~の後を追いかける 4 (be fed up with ~)~にすっかり飽きている、~に嫌気がさす
「騒音に堪えられない」という内容になるには4しかありません。(**feed** ☛165)

093

Do you have a (　) in Sydney? I may need to withdraw some more money later.

1 branch　2 breath　3 brick　4 bruise

やや難

094

The (　) Terry receives from his classmates is terrible. No wonder he hates school.

1 rehearsal　2 treatment　3 kidnapper　4 affair

095

My watch is incredibly (　). It never gains or loses more than three seconds a year.

1 absolute　2 accurate　3 actual　4 adjustable

096

Harry is a very (　) boy; he is interested in everything and always asks questions.

1 cheerful　2 casual　3 calm　4 curious

[解] **1** branch
[訳] シドニーに支店はありますか？ お金をまた引き出さなければならないかもしれないのです。

[解説] 1 支店　2 息　3 レンガ　4 打撲傷、（果物などの）傷み
後半の「お金をおろす」から銀行の話をしているとわかります。よって1が正解です。branch は「枝」が原義ですが、そこから「支店」「支流」「支線」「部門」などの意味でも使われています。3にしてしまった人が多い問題です。a brick「レンガ」は、a school building in red brick「赤レンガの校舎」、lay bricks「レンガを積む」、a brick wall「レンガ塀」などで使います。（**branch** ☞167）

[解] **2** treatment
[訳] テリーがクラスメートたちから受ける仕打ちは、ひどいものだ。彼が学校を嫌うのも当然だ。

[解説] 1 リハーサル　2 扱うこと、治療　3 誘拐者　4 事柄
「学校を嫌う」理由としては「友だちからの扱いがひどい」と考えるのが適切ですから2を選びます。動詞のtreatは、副詞を伴えば「〜を扱う」という意味ですが、もし副詞がなければ「〜を治療する」という意味です。（**treat** ☞170）

[解] **2** accurate
[訳] 私の腕時計は信じられないほど正確です。1年で3秒以上ずれることは決してありません。

[解説] 1 絶対的な　2 正確な　3 実際の　4 調整できる
後半の記述から2が正解だとわかります。accurate は「(情報や計算が)正確な」という意味から、「(計器、機械が)精密な、誤差がない」という意味で使われる形容詞です。（**accurate** ☞172）

[解] **4** curious
[訳] ハリーはとても好奇心の強い少年だ。何にでも興味を持ち、いつも質問している。

[解説] 1 陽気な　2 さりげない　3 穏やかな、静かな　4 好奇心の強い、奇妙な
後半の「あらゆるものに興味を持つ」から4が正解だとわかります。be curious about 〜「〜に対して好奇心を持っている」もあわせて覚えておいて下さい。名詞形の curiosity「好奇心」は綴りに注意です。（**curious** ☞173）

097

A: Betty, I just wanted to say I'm sorry for forgetting to meet you last night.
B: I accept your ( ). Please don't worry about it anymore.

1 expression 2 anxiety 3 apology 4 injury

やや難

098

These days too many students ( ) humanities. Who will make things in the future?

1 major in 2 pass by 3 reach for 4 depend on

99

In Japanese cities there are many streets without names. It is very ( ) if you are a tourist.

1 careless 2 confusing 3 similar 4 unhappy

100

When I asked him to lend me some money, he ( ) my request.

1 complained 2 objected 3 refused to 4 turned down

[解] **3** apology　　　　　　　　　　　　　　　　　英検2級／2006年③
[訳] A:「ベティ、昨晩君に会うことを忘れていて本当に申し訳ないと言いたかったんだ」
　　B:「あなたの謝罪したいという気持ちはわかったわ。もう気にしないでいいのよ」

[解説]　1 表現すること、表情　2 不安　3 謝罪　4 怪我
Aが謝罪していることがわかれば、答えは3だとわかります。accept one's apology で「〜の謝罪を受け入れる」の意味です。apology の動詞形は apologize (to 人) for 〜「(人に)〜のことで謝罪する」です。(**apologize** ☞179)

[解] **1** major in
[訳] 近頃、人文学を専攻する学生が多すぎる。将来、誰が物作りをするのだろうか。
[解説]　1 〜を専攻する　2 〜を通り過ぎる　3 〜に手を伸ばす　4 〜次第である、〜に頼る
後半の「誰が物作りをするのか」とは「誰が理系に進むのだ」という意味ですから、「理系がいなくて人文(科)学を専攻する学生ばかりだ」と考えるのが適切で、1が正解です。
major は形容詞の場合は「主な、大きな」で、動詞の場合は「専攻する」、名詞の場合は「専攻」です。(**major** ☞183)

[解] **2** confusing　　　　　　　　　　　　　　　　　　　　センター試験
[訳] 日本の町には名前がついていない通りがたくさんある。旅行する際には非常にわかりにくい。

[解説]　1 不注意な　2 混乱させる　3 似ている　4 不幸せな
4は「人」を主語にする形容詞ですから不可です。日本語では「それは不幸だね」とか言いますから注意が必要です。また1、3では意味が通じません。よって2が正解です。(**confuse** ☞184)

[解] **4** turned down　　　　　　　　　　　　　　　　　　センター試験
[訳] 彼にお金を貸してくれるように頼んだ時、彼は私の要求を拒否した。

[解説]　1 (complain about / of 〜)〜の文句を言う　2 (object to 〜)〜に反対する　3 〜を断る　4 〜を断る
空所には他動詞が入ります。よって1、2は消えます。refuse は refuse ＋ 名詞、あるいは refuse to (V)で使いますから3も消えます。以上から4を選びます。turn 〜 down は「〜を回して落とす」から「(要求、提案など)を拒否する」の意味です。(**refuse** ☞参考 185)

101

David likes Betty a lot, but he doesn't have the (　) to ask her on a date.

1 result　2 distance　3 courage　4 rumor

102

Mark (　) his wife to get a job and earn a wage.

1 recognized　2 provided　3 encouraged　4 disturbed

103

Lucy showed no (　) by drinking alcohol before the meeting.

1 demonstration　2 responsibility　3 involvement　4 possession

104

As a result of the counseling program, there was a (　) improvement in his behavior.

1 compatible　2 hospitable　3 noticeable　4 vulnerable

やや難

[解] **3 courage** 英検準2級/2006年③
[訳] ディビッドはベティが大好きだが、彼女をデートに誘う勇気がない。

[解説] 1 結果　2 距離　3 勇気　4 噂
「好きだけどデートに誘う〜がない」から3だとわかります。have the courage to (V)で「Vするだけの勇気がある」という意味です。なお ask 人 on a dateで「人をデートに誘う」です。(**courage** ☞186)

[解] **3 encouraged**
[訳] マークは妻に、仕事を持ち、給料をもらうように励ました。

[解説] 1 〜を認識する　2 (provide A with B) AにBを提供する　3 〜を勇気づける　4 〜を邪魔する、(平和、静けさなど)を乱す
SV O to (V)「OにVするようにSV」の形を取る動詞は3だけです。encourage は、「〜を励ます、〜を勇気づける」や「〜を促す」という意味でも使います。(**encourage** ☞187)

[解] **2 responsibility**
[訳] ルーシーは、会議の前に飲酒をして、責任感が感じられなかった。

[解説] 1 論証、デモ　2 責任　3 巻き込むこと、伴うこと　4 所有、所有物
「会議の前に飲酒をすることによって〜がないことを示した」の「〜」に適したものは2しかありません。responsibility は be responsible for 〜「〜に対して責任を持っている」の名詞形です。(**responsible** ☞192)

[解] **3 noticeable**
[訳] カウンセリングを受けたおかげで、彼の行動は明らかによくなった。

[解説] 1 矛盾しない　2 手厚い　3 目立つ　4 弱い、すぐに傷つく
improvementと結びつく形容詞は3しかありません。noticeable は notice「〜に気がついている」の形容詞形です。「誰もが気がつくことが可能な」から「目立った」になりました。間違った人の多くは1を選びました。この単語はコンピュータ用語としても有名です。[例] My scanner is compatible with most computers.「私のスキャナーはほとんどのコンピュータと互換性があります」。他にも My values are not compatible with my wife's.「私の価値観は妻の価値観と合わない」などでも使います。(**notice** ☞193)

105

Joseph couldn't buy a drink from the coffee machine because it was ( ). He had to go to a convenience store to get one.

1 free of charge 2 in a row 3 to the point 4 out of order

106

A: It looks like the weather will be good for the office barbecue on Saturday.
B: Don't ( ) it. Remember the sudden storm we had last year!

1 sit through 2 see through 3 count on 4 touch on

難

107

We've been sitting so long. We need to ( ).

1 stretch 2 lengthen 3 lay 4 stress

108

I told my son to clean his room. He ( ) his head and slowly went upstairs.

1 nodded 2 swung 3 noted 4 marked

やや難

[解] **4** out of order 英検2級/2005年③

[訳] コーヒーの自動販売機が故障中だったので、ジョセフはコーヒーを買うことができなかった。だから彼はコーヒーを買いにコンビニまで行かなければならなかった。

[解説] 1 無料で　2 列になって、連続して　3 的確な　4 故障中で
「機械でコーヒーが買えなかった」とあるので4が適切。out of order は「秩序から出てしまって」から「（公共物が）故障している」の意味で使います。一般に「モノが壊れている」はS + be broken か S + don't work とします。（**order** ☞195）

[解] **3** count on 英検準1級/2006年③

[訳] A：「土曜日は会社のバーベキュー大会にうってつけの天気になりそうだね」
　　B：「油断できないよ[←当てにしちゃだめだよ]。去年急に大雨になったの覚えてる！」

[解説] 1 ～に堪える　2 ～を見抜く　3 ～を当てにする　4 ～に近づく
「天候に～してはならない。突然の嵐になることもある」とあるので3が適切です。count on ～は「～に依存して数にいれる」から「～を当てにする」の意味です。およそ30%の人が2にしました。2はたとえば It was easy to see through their scheme.「彼らの企みを見破るのは簡単だった」などで使います。（**count** ☞197）

[解] **1** stretch センター試験

[訳] 長い間すわっていたね。身体を伸ばさないとね。

[解説] 1 身体を伸ばす、～を引き伸ばす　2 （服、距離、時間など）をのばす、のびる　3 ～を横たえる　4 ～を力説する、～にストレスを与える
他動詞の2、3、4が消え1が残ります。lie は自動詞で「横たわる」、lay ～は他動詞です。lie ; lay ; lain、および lay ; laid ; laid の活用変化にも注意して下さい。（**stretch** ☞ p.82 の No.42）

[解] **1** nodded

[訳] 私は息子に自分の部屋を掃除しなさいと言った。彼は、うなずいて、ゆっくりと2階へ上がった。

[解説] 1 (nod one's head)うなずく　2 （振り子のように）～を揺らす、～を振り回す　3 ～に注意する、～を書き留める　4 ～に印をつける
後ろの his head と結びつくのはひとつしかありません。nod あるいは nod one's head で「うなずく」という意味で、しばしば賛成を意味します。反意語は shake one's head「クビを横に振る」から「いいえ」の意味です。（**nod** ☞202）

109 The ( ) of people who smoke today is far smaller than the percentage of smokers ten years ago.

1 observation 2 proportion 3 tension 4 variation

110 The ( ) of that instrument is to help guide sailors by using the stars as reference points.

1 contract 2 function 3 outlet 4 response

111 My mother is making a fast ( ) after the operation on her knee last week.

1 repair 2 treatment 3 recovery 4 benefit

112 Many of the animals that are ( ) to Australia, like the kangaroo and the koala, are very unusual species.

1 contrary 2 equivalent 3 native 4 similar

やや難

[解] **2** proportion
[訳] 現在の喫煙率は10年前よりずっと少なくなっている。

[解説] 1 観察　2 割合、比例　3 緊張　4 変化、変動
述部の smaller に対応する名詞は2です。他にも、a large proportion of ~「大部分の~」、the proportion of A to B「A 対 B の割合」なども重要です。なお「彼女はプロポーションが良い」と言う場合には She has a good figure. となります。(**proportion** ☞ p.82 の No.15)

[解] **2** function
[訳] その道具は、星の動きを頼りにして船乗りたちに方向を教える機能を備えている。

[解説] 1 契約　2 機能　3 (液体、ガスなどの)出口、販売店　4 応答、反応
文意が通るのは2です。この function は「目的」に近い意味であることに注意して下さい。function は動詞でも使います。[例] Your kidney is functioning normally. 「君の腎臓は正常に機能しています」。(**function** ☞ p.82 の No.16)

[解] **3** recovery　　　　　　　　　　　　　　　　　　　　　センター試験
[訳] 母は先週ひざの手術を受けて以来、急速に回復している。

[解説] 1 修理　2 扱うこと、治療　3 回復　4 恩恵
文意から3が適切。make a recovery で「回復する」です。類例としては make a decision「決定する」、make a call「電話する」、make a discovery「発見する」、make a brief stop「(短時間)停車する」などがあります。(**recovery** ☞ p.82 の No.33)

[解] **3** native
[訳] カンガルーやコアラなどオーストラリア固有の動物には、希少価値のある種が多い。

[解説] 1 (contrary to ~)~とは逆に　2 同等の　3 土着の、(native to ~)~に固有の　4 (similar to ~)~に似ている
be native to ~で「~に固有の」という意味です。be peculiar to ~とほぼ同じ意味です。
(**native** ☞ p.82 の No.50)

次の英文の( )に入れるのにもっとも適当なものを、
それぞれ、1、2、3、4の中からひとつ選びなさい。

113

A: John, you haven't touched your dinner at all. Are you feeling OK?
B: I'm fine. I just don't have much ( ) because I had a late lunch today.

1 creativity 2 appetite 3 suspicion 4 satisfaction

114

Jill and Beth ( ) in the finals of the school tennis tournament. It was a tough match, but Beth won.

1 expected 2 occurred 3 competed 4 signed

115

Alan is an extremely ( ) programer, but he is awful at mathematics!

1 complimentary 2 comparable 3 competent 4 compulsory

やや難

116

At this school, since ( ) is required at all times, students arriving late will not be allowed to attend class.

1 punctuality 2 capability 3 probability 4 applicability

[解] **2** appetite　　　　　　　　　　　　　　　英検2級/2005年③

[訳] A:「ジョン、夕食を全然食べてないじゃない。大丈夫？」
　　B:「大丈夫だよ。今日は昼食を食べたのが遅かったから食欲がないだけだよ」

[解説] 1 創造性　2 食欲　3 疑い　4 満足
「食事に手をつけていない」とあるから2が適切です。なお、just not, simply not, absolutely not は「まったく～ない」の慣用的な表現です。(**appetite** ☞203)

[解] **3** competed　　　　　　　　　　　　　英検準2級/2007年①

[訳] ジルとベスは校内テニス大会の決勝戦で激突した。厳しい戦いだったが、ベスが勝った。

[解説] 1 (未来のことを)~と思う　2 生じる　3 競争する　4 署名する、~に署名する
「テニス大会の決勝で」とあるから3が適切。「～と競争する」という場合には compete with ~の形で用います。fight with ~「～と戦う」も with ですね。なお、名詞形は competition です。(**compete** ☞204)

[解] **3** competent

[訳] アランはコンピュータのプログラムを作ることにきわめて有能であるが、数学はひどく苦手だ。

[解説] 1 お世辞の　2 匹敵する　3 有能な　4 強制的な、義務的な
後半の「だが数学は苦手だ」から「コンピュータのプログラムを作ること」は「得意」ということがわかります。「人」を主語にして「得意な、有能な」は3が適切。なお、1は compliment「賛辞」の形容詞形、3は compete「競争する」の形容詞形、4は compel「～に強制する」の形容詞形です。2にした人が多かった問題です。2は、たとえば、This celestial body is comparable in size to the Sun.「この天体は大きさにおいて太陽に匹敵する」。(**competent** ☞205)

[解] **1** punctuality　　　　　　　　　　　　英検準1級/2006年②

[訳] この学校では、時間を厳守することが常に求められるので、遅刻する生徒は授業に出ることを許可されません。

[解説] 1 時間を厳守すること　2 能力　3 可能性、確率　4 応用力
後半の「遅刻者は授業に出られない」から1だとわかります。これは punctual「時間に厳格な」の名詞形です。[例] Tom is not punctual.「トムは時間にルーズだ」。なお、4は apply A to B「A を B に応用する」と同系語です。(**punctual** ☞206)

117

Guests should (　) at reception where they will receive their keys.

1 resume　2 detect　3 encounter　4 register

118

Bangkok's air is so (　) that traffic police wear masks.

1 starved　2 polluted　3 generated　4 scolded

119

The high cost of (　) makes it expensive to manufacture products in some developed countries.

1 labor　2 marsh　3 moisture　4 traffic

120

A lot of the staff did not understand your ideas. Could you (　) on them?

1 elaborate　2 impose　3 retract　4 insist

[解] **4** register
[訳] 客は、鍵を受け取るフロントで記帳しなければならない。

[解説] 1 再開する、〜を再開する　2 〜を検知する、〜を見破る　3 〜に遭遇する　4 登録する、記名する、〜を登録する
「鍵を受け取る時にホテルのフロントですること」といえば「記帳」です。register は「大学での履修登録」や「子どもの名前の登録」など幅広く使えます。register は名詞としても使いますので覚えておいて下さい。(**register** ☛208)

[解] **2** polluted
[訳] バンコクの空気はとても汚染されているので、交通警官はマスクを着用している。

[解説] 1 飢える　2 〜を汚染する　3 〜を生み出す　4 （主に子ども）を叱る
文脈上、2以外は不可能です。pollute 〜は、「（化学薬品や汚水などで、空気、水、土など）を汚染する」という意味です。また pollute one's mind で「〜の心を汚す」です。名詞形は pollution です。(**pollute** ☛210)

[解] **1** labor
[訳] 先進国の中には、人件費が高いため、製品を作るコストがずいぶんとかかるところもある。
[解説] 1 労働、労力　2 沼地　3 水分　4 交通
「製品を作る費用を高くしているもの」から1が適切です。labor は、主に「肉体労働」の意味の名詞です。また「肉体労働者全体」の意味で使われることもあります。manual labor「肉体労働」、labor costs「人件費」、labor shortages「労働力不足」などが重要です。(**labor** ☛211)

[解] **1** elaborate
[訳] あなたの考えを理解していないスタッフが多かった。それについて詳しく述べてもらえませんか？
[解説] 1 さらに詳しく述べる　2 (impose A on B) A を B に押しつける　3 〜を撤回する　4 (insist on 〜) 〜と言い張る
空所の後に前置詞の on があるから、他動詞の2、3は消せます。4にすると「それについて言い張っていただけませんか？」となり意味が通じません。よって1を選ぶことになります。elaborate は、形容詞では「入念な、手のこんだ」という意味ですが、動詞の場合には「さらに詳しく述べる」という意味になります。(**elaborate** ☛212)

121

The recent ( ) showed that concern about health was the most common reason for giving up smoking.

1 bargain   2 civilization   3 frontier   4 survey

122

Our company ( ) the crisis that hit the economy last year.

1 existed   2 recovered   3 succeeded   4 survived

123

The factory worker's ( ) to longer hours led to a strike.

1 addition   2 objection   3 opportunity   4 campaign

124

Sharon couldn't sleep last night because she was so ( ) about the exam she has to take today.

1 cruel   2 selfish   3 anxious   4 typical

[解] **4** survey
[訳] 最近の調査によれば、禁煙することを決めた一番の理由は健康への不安であることが判明した。

[解説] 1 掘り出し物　2 文明　3 国境、(米語)辺境　4 調査
that 節の内容から4が適切です。survery は「全体を見渡すこと」から「(正式で詳細な)調査」という意味で使われています。[例] a public opinion survey「世論調査」、a geographical survey「地質学調査」。(**surface** ☛参考214)

[解] **4** survived　　　　　　　　　　　　　　　　　　　　　　　センター試験
[訳] 我が社は昨年経済を襲った危機を乗り越えて生き延びた。

[解説] 1 存在する　2 ~を回復する　3 成功する、~の後を継ぐ　4 生き残る、~を乗り越え生き残る
まず、1、3は消えます。2の recover は、他動詞では、recover one's voice / strength / health「声/体力/健康を取り戻す」、recover the stolen jewelry「盗まれた宝石を回収する」などで使います。また自動詞では recover from one's injuries / a heart attack「怪我/心臓発作から回復する」で使います。ここでは不可です。よって4を選びます。survive は、他動詞では survive ~「(事故、過酷な冬など)を乗り越えて生き残る」の意味で用います。(**survive** ☛215)

[解] **2** objection
[訳] その工場の労働者らが、労働時間が延長されることに反対したので、ストライキになった。

[解説] 1 追加　2 反対　3 好機　4 運動
空所の後ろの to +名詞と結びつく単語は1か2です。「~のためストライキとなった」とありますから 1は不可で、2が正解となります。object to ~「~に反対意見を持つ」の名詞形が objection to です。addition も to を取りますが、ほとんどの場合 in addition to ~「~に加えて」の形で用いられます。(**object** ☛217)

[解] **3** anxious　　　　　　　　　　　　　　　　　　　　　　英検2級/2007年①
[訳] シャロンは今日受けることになっている試験のことが心配で、昨夜眠れなかった。

[解説] 1 残酷な　2 わがままな　3 心配な　4 典型的な
前半の「眠れなかった」より「試験のことが心配」とわかります。be anxious about ~は、be worried about ~、worry about ~より心配の度合いが強い表現です。(**anxious** ☛219)

125

Andy is working late tonight because he is ( ) to finish the report before his boss comes back tomorrow morning.

1 worried 2 afraid 3 upset 4 anxious

やや難

126

The teacher was so ( ) with her students that she left the classroom.

1 annoyed 2 helpful 3 innocent 4 philosophical

127

It is easy for someone to just talk about doing something, but to actually put an idea into ( ) is much more difficult.

1 conclusion 2 practice 3 forecast 4 pressure

128

According to a computer magazine article, a software engineer in Milan has ( ) a new way of protecting the transmission of sensitive data online.

1 endured 2 assaulted 3 irritated 4 devised

やや難

[解] **4** anxious [センター試験]

[訳] アンディは、明日の朝上司が帰ってくるまでにレポートを仕上げたいので、今晩遅くまで残業するつもりだ。

[解説] 1 (be worried about ~)~を心配している　2 (be afraid to (V))怖くてVできない　3 (be upset about ~)~で気持ちがむしゃくしゃしている、~で気が動転している　4 (be anxious to (V))~を切望している

文脈から4が適切です。be anxious to (V)は、本来は「(心配だけれど)~したい」の意味ですが、現在では「~したい」という意味だけでも使います。3にした人が多い問題です。(**anxious** ☞219)

[解] **1** annoyed

[訳] その教師は、生徒たちにとてもいら立ったので、教室を出て行った。

[解説] 1 いら立っている　2 役に立つ　3 無実の、無邪気な　4 哲学の

「先生が教室を出て行った」理由を考えれば1しかないとわかります。annoy ~は「~をちょっと怒らせる」が基本的な意味です。annoy の名詞形は annoyance です。(**annoy** ☞227)

[解] **2** practice [英検2級/2007年①]

[訳] 人が何かすることについてあれこれ言うだけなら簡単だが、実際に同じことをやるのは予想以上に難しい。

[解説] 1 結論　2 実際に行うこと、実践　3 予想　4 圧力

put ~ into practice で「~を実行に移す」の意味です。practice は theory「理論」の反意語で「実際にやってみること」の意味です。(**practical** ☞228)

[解] **4** devised [英検準1級/2007年②]

[訳] コンピュータ雑誌の記事によると、ミラノのソフトウェアの技術者が、壊れやすいデータのネット上での送受信を保護する新しい方法を開発した。

[解説] 1 (長期にわたって)~に耐える　2 ~を襲撃する　3 ~をいらいらさせる　4 ~を考案する

空所に「新しい方法」とあるから4が適切です。devise は、「(主に新しい方法、装置)を考案する」の意味で使われます。つまり a new way と見たら devise です。(**devise** ☞229)

129 Although many people say they have seen ghosts, nobody has found any clear ( ) that they actually exist.

1 courage 2 evidence 3 sorrow 4 punishment

130 Few people shared the president's ( ) of the company's role.

1 leadership 2 perception 3 sensation 4 witness

131 Mr. Roberts told everyone in the marketing department that they would have to move to the third floor ( ) while the second floor was being repainted.

1 temporarily 2 formerly 3 curiously 4 hesitantly

132 We waited for hours outside the palace to see the queen, but we only caught a ( ) of her as the royal limousine sped past.

1 glimpse 2 crush 3 bait 4 veil

[解] **2** evidence 〔英検2級/2008年①〕

[訳] 幽霊を見たという人は多いが、実際に幽霊が存在するというはっきりとした証拠は誰も見つけたことがない。

[解説] 1 勇気　2 証拠　3 悲しみ　4 罰すること、罰
that 節と同格の関係になるのは2だけです。意味的にも2しか無理です。sorrow は sorry の名詞形で、to one's sorrow「〜が悲しんだことには」が重要です。（**evidence** ☞230）

[解] **2** perception

[訳] 社長が会社の社会的使命（＝役割）をどのように考えているか、わかっている人はほとんどいなかった。

[解説] 1 指導力　2 認識　3（肉体的な、一時的な）感覚　4 目撃者、証人
内容から2以外には考えられません。perceive 〜「〜を認識する、〜をとらえる」を名詞化したものが perception of 〜「〜を認識すること、〜をとらえること」です。間違えた人の大半は3にしました。3はたとえば At that time I had the sensation that I was being followed.「その時、私は誰かにつけられているという気がした」などで使います。（**perceive** ☞231）

[解] **1** temporarily 〔英検2級/2007年①〕

[訳] ロバーツ氏はマーケティング部の全員に、2階のフロアの塗りかえが済むまでは、一時的に3階のフロアへ移動してもらうことになると言った。

[解説] 1 一時的に　2 以前は　3 好奇心旺盛に　4 ためらいがちに
「2階のフロアが修理中の間」とあるから1が適切です。temporarily は temporary「（永久にではなく）一時的な」の副詞形。反意語は permanently「永久に」です。間違えた人の多くは4にしました。4は hesitate「ためらう」の副詞形で「ためらいがちに」の意味です。［例］The little girl hesitantly came into my room.「その少女はためらいがちに私の部屋に入って来た」。（**temporary** ☞233）

[解] **1** glimpse 〔英検準1級/2007年②〕

[訳] 私たちは女王様を見るために宮殿の外で待っていたが、王室用のリムジンがスピードを上げて通り過ぎていったのでちらっとしか見えなかった。

[解説] 1 ちらっと見えること　2 押しつぶすこと　3 エサ　4 ベール、覆い隠すもの
catch a glimpse of 〜は「〜がちらっと見える」の意味。似た表現の give a glance at 〜は「〜をちらっと見る」の意味。3の bait「エサ」は、bite「噛む」と同系語で「噛ませるもの」が原義です。（**glance** ☞参考235）

133

The woman walking down the street was a famous movie star, so many people stopped and ( ) at her.

1 kicked 2 aimed 3 stared 4 skipped

134

A: Is there anything ( ) that you'd like to have for dinner tonight, Tom?
B: Let's have pizza. I can help you make it, Mom.

1 in use 2 in particular 3 in detail 4 in vain

135

Sharon didn't want anyone else to hear what she had to say to Todd, so she ( ) in his ear.

1 surrounded 2 handled 3 responded 4 whispered

136

Roy's apologies were useless. He had deeply ( ) his father.

1 ignored 2 offended 3 abandoned 4 separated

やや難

[解] **3** stared 〔英検準2級/2006年②〕
[訳] 通りを歩いていた女性は有名な映画スターだったので、多くの人が立ち止まって彼女のほうをじっと見た。

[解説] 1 ~を蹴る　2（aim at ~）~を目標とする　3 じっと見る　4 ~を飛ばす、~を抜かす
「有名な女優を多くの人が立ち止まって~」とありますから3が適切です。stare at ~で「（意識的に）~をじっと見る」の意味です。（**glance** ☞参考235）

[解] **2** in particular 〔英検2級/2007年①〕
[訳] Ａ：「トム、今晩の夕食だけど、特に食べたいものはある？」
　　Ｂ：「ピザにしようよ。お母さん、僕も作るの手伝うよ」

[解説] 1 使用されている　2 特に、とりわけ　3 詳細にわたって　4 無駄に
文脈に合うのは2しかありません。particular は普通は形容詞ですが、この熟語の場合には名詞の扱いになります。（**particular** ☞237）

[解] **4** whispered 〔英検準2級/2007年①〕
[訳] シャロンはトッドに話すことを他の誰かに聞かれたくなかったので、彼の耳元でそっとささやいた。

[解説] 1 ~を囲む　2 ~を扱う　3（respond to ~）~に反応する　4 ささやく
前半の「他の誰にも聞かせたくなかった」から、4が適切です。whisper in one's ear「~の耳元でささやく」もついでに覚えておきましょう。（**whisper** ☞238）

[解] **2** offended
[訳] ロイの謝罪はまったく効果がなかった。彼は父の激しい怒りを買っていたからだ。
[解説] 1 ~を無視する　2 ~の気分を害する　3 ~を断念する、（車、船、国、家族など）を置き去りにする　4 ~を分ける
「謝罪が無駄であった」ということは「謝罪が無駄になるほどひどいことをした」と考えるのが適切です。さらに deeply と結びつく動詞を探せば2だとわかります。deeply を無視して1にしてしまった人が多かった問題です。（**offend** ☞241）

137

Many people feel that Hawaii has an almost (　) climate.

1　ideal　2　idle　3　impartial　4　probable

やや難

138

Everyone was surprised at the (　) with which their new boss spoke English.

1　fluency　2　equality　3　necessity　4　conference

139

Mike was so (　) of his poor test results that he didn't speak for a week!

1　ashamed　2　required　3　informed　4　decorated

140

Too much sun can be (　), so it is a good idea to wear a hat and put on suntan lotion when you go outside in summer.

1　glorious　2　harmful　3　ignorant　4　magnetic

[解] **1** ideal
[訳] ハワイはほぼ完璧に近い気候であると多くの人が感じている。

[解説] 1 理想の、理想的な　2 怠惰な　3 公平な　4 ありそうな
ハワイの天候を示す形容詞は1しかありません。他の例を挙げておきます。an ideal place for jogging「ジョギングにうってつけの場所」、reach one's ideal weight「理想的な体重になる」。impartial は im- が否定語で -partial【部分に偏った】→【不公平な】からできた単語です。(**ideal** ☞244)

[解] **1** fluency
[訳] 新しい上司がとても流暢に英語を話したのでみんな驚いた。

[解説] 1 流暢さ　2 平等　3 必要　4（大規模な）会議
意味が通るのは1だけです。with fluency で fluently「流暢に」と同じ意味です。類似のものに with ease = easily「簡単に」、with rapidity = rapidly「急速に」などがあります。2 は achieve equality between the sexes「男女平等を達成する」で、4は a press conference「記者会見」で暗記。(**fluent** ☞246)

[解] **1** ashamed
[訳] マイクは、テストの悪い結果がとても恥ずかしくて、1週間話さなかった。

[解説] 1（be ashamed of ~）~を恥じている　2（be required of ~）~に要求されている　3（be informed of ~）~が伝えられている　4（be decorated with ~）~が飾られている
「とても~なので人には言えなかった」から1だとわかります。ashamed は「人」を主語にして「（罪悪感をもって）恥じている」の意味です。shameful は「モノ」に対して用いられます。[例] a shameful act「恥ずべき行為」。(**ashamed** ☞253)

[解] **2** harmful　　　　　　　　　　　　　　　　英検2級/2006年②
[訳] 日光を浴びすぎると有害になる場合があるので、夏場に外出するときには、帽子をかぶって日焼け止めのローションを塗るといいでしょう。

[解説] 1 輝かしい、素晴らしい　2 有害な、害のある　3 無知な　4 磁石の、人を引きつける
後半の「帽子をかぶって日焼け止めを塗る」から「日光を浴びすぎるのは害になりうる」だとわかります。よって2が正解です。harmful は harm【害】+ -ful【一杯の】です。(**harm** ☞254)

141

When students work ( ) as a team, they learn the importance of cooperation in achieving goals.

1 feebly   2 insufficiently   3 effectively   4 forcibly

142

Henry was so ( ) by his grandfather's death that he failed most of his exams.

1 restricted   2 affected   3 controlled   4 preserved

143

Famous soccer players tend to be the goalscorers, but we should never forget the ( ) of the defenders.

1 contribution   2 collection   3 argument   4 announcement

144

Charities often find it difficult to ( ) aid in war zones.

1 perceive   2 negotiate   3 distribute   4 navigate

やや難

[解] **3** effectively
[訳] 生徒たちは集団としてうまく機能した時、目的を達成するためにみんなで協力することの大切さがわかる。

[解説] 1 弱々しく　2 不十分に　3 効果的に　4 強制的に
「協力の重要性を学ぶ」とあるのでプラスイメージの3を選びます。feeble は「(老齢、病気などで)衰弱した、弱い」の意味で、forcibly は force「力」の派生語です。(**effect** ☞256)

[解] **2** affected
[訳] ヘンリーは、祖父の死が大きく影響して、試験の大半を落とした。

[解説] 1 ~を制限する　2 ~に影響を及ぼす　3 ~を支配する　4 ~を保存する
文意より、2が適切です。affect~は、主に「~に直接的に影響する」の意味で用いられます。「~に間接的に影響を及ぼす」の influence ~とは区別して下さい。[例] His writing was greatly influenced by Ernest Hemmingway.「彼の著書にはアーネスト・ヘミングウェイの影響が色濃く表われていた」。(**affect** ☞257)

[解] **1** contribution
[訳] 有名なサッカー選手はシュートを決める選手である傾向があるが、ディフェンダーの貢献をけっして忘れてはいけない。

[解説] 1 与えること、貢献、寄付　2 収集、回収　3 言い争うこと、論拠　4 発表
文意から1が適切です。contribution は contribute A to B「A を B に与える」の名詞形です。なお contribute は、目的語を省略した contribute to ~「~に貢献する、~の原因となる」の形でもよく使用されます。(**contribute** ☞260)

[解] **3** distribute
[訳] 慈善団体は、戦争地帯に出かけてみて、援助作業が難しいとわかることが多い。

[解説] 1 ~をとらえる、~を認識する　2 交渉する　3 ~を分配する　4 (飛行機、船など)を操作する、を誘導する、航海する
目的語が aid「援助物資」ですから3が適切です。distribute は、目的語として a bonus「特別配当金」、brochures「パンフレット」、leaflets「ビラ」、books「本」など様々なものが置かれます。なお、aid は、不可算名詞で「援助」あるいは「援助物資」の意味です。可算名詞では a hearing aid「補聴器」などのように使います。間違った人の多くは4にしました。「カーナビ」で有名な単語です。(**distribute** ☞261)

145

Kenji ( ) his success to good luck.

1 attached 2 attributed 3 contributed 4 described

146

David is totally ( ) to his job as a graphic designer. Even in his free time, he likes to come up with new ideas for work.

1 indifferent 2 opposed 3 devoted 4 adjacent

147

Students shouldn't travel abroad alone until they are ( ) enough to take care of themselves.

1 complicated 2 doubtful 3 loyal 4 mature

148

Tomoko spends so long worrying about ( ) things that she never notices any major problems!

1 feasible 2 sensitive 3 vital 4 trivial

やや難

[解] **2** attributed
[訳] ケンジは、成功した要因は運がよかったからだと言った。

[解説] 1（attach A to B）AをBにくっつける 2（attribute A to B）AをBのおかげと考える、Aの原因をBに押しつける 3（contribute A to B）AをBに与える 4 ~がどのようなものか説明する
文意が通じるのは2だけです。attributeは名詞では「属性」の意味です。[例] Even mind may not be an absolutely unique human attribute.「精神でさえも人間だけの属性とは絶対的には言い切れないかもしれない」。（**attribute** ☞262）

[解] **3** devoted　　　　　　　　　　　　　　　　　　英検準1級／2006年③
[訳] ディビッドはグラフィックデザイナーの仕事にすべてを捧げている。仕事以外の時でさえも、仕事に関する新しいアイディアを考えるのが好きだ。

[解説] 1（be indifferent to ~）~に無関心な 2（be opposed to ~）~に反対している 3（be devoted to ~）~にすべてを捧げている、~に没頭している 4（be adjacent to ~）~の近くの
第2文の内容から3を選びます。be devoted to ~は、devote oneself to ~と同じ意味になります。（**devote** ☞265）

[解] **4** mature
[訳] 学生は成長して自立するまで、海外への一人旅はすべきでない。

[解説] 1 複雑な 2 疑わしい 3 忠実な 4 成熟した、成長した
学生が海外へ渡航するための条件として適切なのは4です。matureは動詞として「成熟する」という意味でも使います。また反意語はimmatureです。なお、doubtfulは、It is doubtful whether SV「SVかどうかは疑わしい」の形も覚えておいて下さい。（**mature** ☞266）

[解] **4** trivial
[訳] トモコは、ささいなことに悩んでとても長い時間を費やすので、重大な問題にけっして気づかない。

[解説] 1 実行できる、可能な 2 繊細な 3 極めて重要な 4 取るに足らない、くだらない
後半に「重大な問題に気がつかない」とあるので「ささいな問題ばかり気にする」とするのが適切で4が正解だとわかります。1はfeas-【する】+ -ble【できる】から「実行可能な」の意味になりました。possibleの難しい表現だと覚えておけばOKです。（**trivial** ☞269）

149

Jill's praise of my new book is ( ) insincere.

1 obviously   2 reasonably   3 immediately   4 gradually

150

A: Turn down that music! You're going to ( ) the neighbors.
B: OK, I'm sorry. I'll use the headphones.

1 entertain   2 impress   3 tempt   4 disturb

151

Our electric car is perfect for driving in ( ) areas like Tokyo and Osaka.

1 internal   2 nuclear   3 primitive   4 urban

152

Although the science teacher tried to explain the new theory in simple language, the students still found it difficult to ( ).

1 grasp   2 summon   3 grip   4 decline

[解] **1** obviously
[訳] ジルの、私の新刊に対するほめ言葉は明らかに口先だけだ。

[解説] 1 明らかに　2 ほどよく、分別よく　3 同時に、すぐに　4 徐々に
文意より1が適切です。obviously は obvious「明らかな」の副詞形です。また、obviously は自分の経験から判断して自明のことであることを暗示します。外見のみの時は apparently を用います。(**obvious** ☞271)

[解] **4** disturb　　　　　　　　　　　　　　　　　　　　英検2級/2006年①
[訳] A:「音楽の音量を下げて！　近所迷惑よ」
　　B:「わかった、ごめん。ヘッドホンを使うよ」

[解説] 1 ～を楽しませる　2 ～に(強い)印象を与える　3 ～を誘惑する　4 ～を邪魔する、(平和、静けさなど)を乱す
「音量を下げて」とありますから「近所迷惑になってしまう」というのが適切で4が正解です。disturb ～は「(静けさや平和など)を乱す」の意味です。(**disturb** ☞273)

[解] **4** urban
[訳] 我々の製造している電気自動車は、東京や大阪のような大都市区域を運転するにはもってこいだ。

[解説] 1 内部の　2 核の　3 原始的な　4 都会の
「東京や大阪のような～地域」ですから4が適切です。反意語の rural「田舎の」もあわせて覚えておいて下さい。なお、local は「地元の」の意味で「田舎の」ではありません。(**suburb** ☞参考274)

[解] **1** grasp　　　　　　　　　　　　　　　　　　　　英検準1級/2007年②
[訳] 理科の先生はやさしい言葉でその新しい理論を説明しようとしたが、それでも生徒たちは理解するのが難しいと思った。
[解説] 1 ～をつかむ、～を理解する　2 ～を召喚する　3 ～をしっかりつかむ　4 減少する、～を(丁寧に)断る
逆接の接続詞の although に注目すれば「説明しようとしたが、理解が難しかった」とわかりますね。ですから1が正解です。grasp ～は「～をぐいっとつかむ」が基本的な意味で「～を理解する」という意味にまで発展します。名詞形も同形の grasp です。(**grasp** ☞275)

153

Somalian pirates boarded the ship and (　) over half a ton of silver.

1　sacrificed　2　ejected　3　seized　4　engulfed

やや難

154

Modern technology has significantly reduced the (　) of housework.

1　attitude　2　burden　3　estimate　4　legend

155

During my long illness, I learned to appreciate the (　) of good health.

1　measure　2　value　3　stock　4　legend

156

This detailed and well-written guidebook to France's national parks is an (　) resource for tourists who want to get the most out of their visit.

1　indefinite　2　invaluable　3　inadequate　4　inherent

難

[解] 3 seized
[訳] ソマリアの海賊たちは、その船に乗り込み、500キロ以上の銀を奪い取った。
[解説] 1 ~を犠牲にする 2 ~を追い出す 3 ~をつかむ、~を押収する 4 ~を巻き込む
文脈から3が適切。seize ~は「(現場など)に急襲する」「(もの)を押収する、(もの)を奪い取る」という意味の単語です。なお、eject は e-【外】+ -ject【投げる】が語源です。[例] This rifle ejects empty shells after firing.「このライフルは発射後に空の薬莢(やっきょう)をはじき出す」。engulf は en-【動詞化】+ gulf【深い穴、湾】→「穴にはめる」が元義です。(**seize** ☞276)

[解] 2 burden
[訳] 現代の技術の発達のおかげで、家事の負担は大幅に減少した。

[解説] 1 態度 2 負担 3 推定、見積もり、評価 4 伝説
「家事の~を減らした」とありますから2が適切です。burden は、bear ~「(重いものなど)を持つ」の派生語として覚えておくといいでしょう。また、a burden on ~「~に対する負担」、lighten the burden「その負担を軽くする」も暗記。(**burden** ☞280)

[解] 2 value 英検2級/2005年③
[訳] 長い闘病生活で、私は健康のありがたさがわかるようになった。

[解説] 1 寸法、計量 2 価値 3 株 4 伝説
「闘病生活の後に健康の~がわかった」とあるから2が適切。valueは「金銭的な価値」から、「一般的な価値」にまで使えます。また、しばしば values の形で「価値観」の意味を持ちます。(**value** ☞281)

[解] 2 invaluable 英検準1級/2006年②
[訳] この詳細な点まで十分掲載されているフランス国立公園のガイドブックは、国立公園訪問を最大限に生かそうとする旅行者にとって大変価値のある情報源です。
[解説] 1 不確かな 2 価値がある 3 不十分な、不適切な 4 元々ある、固有の
後半の「国立公園の訪問を最大限に利用することを望む人にとっては」という記述から2が適切です。invaluable は「価値がない」ではなくて「価値をつけられないぐらい貴重な」という意味ですから注意が必要です。なお「価値がない」は valueless です。間違えた人の大半は3にしました。3は adequate「十分な、適切な」の反意語です。(**value** ☞参考281)

157

When I was a child, I never had ( ) such as brand goods, eating in restaurants or trips abroad.

1 luxuries 2 satisfaction 3 intelligence 4 warnings

158

A: Colin, fancy a drink tonight?
B: ( ) I can't. My mother-in-law is visiting.

1 Primarily 2 Unfortunately 3 Gradually 4 Occasionally

159

The presidents of the two companies have reached a ( ) agreement to work together, but nothing has been put in writing yet.

1 contractual 2 suggestive 3 verbal 4 legible

160

A: John did really well in his French test.
B: Mmm, I have a strong ( ) that he cheated.

1 hesitation 2 refusal 3 suspicion 4 existence

[解] **1** luxuries
[訳] 私は子どもの頃、ブランド品や、レストランでの食事や、海外旅行のような贅沢をしたことはなかった。
[解説] 1 贅沢(品)　2 満足　3 知能　4 警告
「ブランド品や、レストランでの食事や、海外旅行のような」から1が適切。luxuryは不可算名詞で「贅沢」の意味で、可算名詞では「贅沢品」の意味で用いられます。なお、warningはwarn「警告する」の名詞形です。-ingで終わる名詞形は、他にもunderstanding「理解(すること)」などがあります。(**luxury** ☞282)

[解] **2** Unfortunately
[訳] A：「コリン、今夜、飲みに行かない?」
　　 B：「残念だが無理だよ。妻のお母さんが来るんだ」

[解説] 1 第一に、最初に　2 残念なことに　3 徐々に　4 たまに
文意から2が適切です。fortunately「幸運にも」の反意語がunfortunatelyです。名詞のfortuneは「幸運(反意語はmisfortune)」以外に、make a fortuneで「一財産作る」の意味にもなります。(**fortune** ☞参考283)

[解] **3** verbal　　　　　　　　　　　　　　　　　　英検準1級/2008年②
[訳] その2つの会社の社長は業務を提携することに口頭では同意したが、まだ文書にはなっていない。
[解説] 1 契約(上)の　2 示唆的な　3 言葉の上の、口頭での　4 (筆跡、印刷などが)読める
後半の「文書ではまだである」から3が正解だとわかります。verbalは、verbal communication「言語による意思の疎通」という使い方の他に、a verbal promise「口約束」という使い方もあります。20%以上の人が1にしました。1はcontract「契約」の形容詞形です。(**verbal** ☞284)

[解] **3** suspicion
[訳] A：「ジョンのフランス語のテスト、本当に成績がよかったね」
　　 B：「うーん、僕は、彼がカンニングをしたんじゃないかって強く疑っているんだ」
[解説] 1 ためらい、躊躇　2 拒絶、拒否　3 疑い　4 存在
後半のthat節と結びつくのは3だけです。suspect that SV「SVだと疑う」の名詞形がsuspicion that SVです。doubt if / that SV「SVではないと思う」と区別して下さい。(**suspect** ☞289)

161

I have been (　) of that child ever since he was accused of stealing money.

1 ambitious　2 suspicious　3 mysterious　4 precious

162

The people who watch a sporting event without taking part are called (　).

1 clients　2 customers　3 guests　4 spectators

163

The soccer game was shown on a big screen in front of (　) audience.

1 a large　2 a lot of　3 many　4 much

やや難

164

Sarah was so (　) in the TV program that she did not hear the telephone ring.

1 constructed　2 improved　3 absorbed　4 organized

[解] **2 suspicious** 　　　　　　　　　　　　　英検2級/2006年①

[訳] あの子どもがお金を盗んだことで周りから非難されて以来、私はその子のことを疑いの目で見ている。

[解説] 1 大望のある、野心のある　2 疑わしい　3 不可解な、神秘的な　4 貴重な
be suspicious of ~「~を疑っている」の意味の熟語です。suspect ~「~ではないかと疑う」の形容詞形です。(**suspect** ☛289)

[解] **4 spectators** 　　　　　　　　　　　　　センター試験

[訳] スポーツの試合に参加せずに見るだけの人を「観客」と言う。

[解説] 1 (専門職への)依頼人　2 (店に来る)客　3 (招待された)客　4 (スポーツなどの)観客
「スポーツを見る人」から4が正解だとわかります。a spectator は「一人の観客」という意味ですが、an audience は「観衆(全体)」の意味ですから注意して下さい。(**spectator** ☛291)

[解] **1 a large** 　　　　　　　　　　　　　センター試験

[訳] 多くの観客が見ることができるように、サッカーの試合が大画面に映し出された。

[解説] 選択肢を日本語にするとすべて「多くの」ですが、a large audience「大観衆」以外は不可です。an audience は「一人一人の観客」ではなく、「観客(全体)」を表す名詞です。演劇が昔から盛んなイギリスでは、劇の主催者は「大入りかどうか」にしか興味がなかったせいでしょうね。much を選んだ人が多かったのですが、そもそも much は肯定文では(硬い文を除く)避けられる傾向にあります。例外は so much / as much / too much です。(**audience** ☛参考292)

[解] **3 absorbed**

[訳] サラはそのテレビ番組にとても没頭していたので、電話が鳴るのが聞こえなかった。

[解説] 1 ~を建設する、~を組み立てる　2 ~を良くする、良くなる　3 ~を吸収する、(be absorbed in ~)~に没頭する　4 ~をまとめる、~を組織化する
文意が通る動詞は3しかありません。be absorbed in ~で「~の中に心を吸収されている」→「~に没頭している」で慣用句です。(**absorb** ☛299)

165

The scholar's latest book is a ( ) study of Shakespeare, in which she details the writer's life from childhood to old age.

1 fictitious 2 mythical 3 delirious 4 biographical

やや難

166

Jun has always been ( ) by insects. He collected them as a child and even now keeps many in glass tanks in his house.

1 dispirited 2 fascinated 3 enraged 4 brushed

167

Hiroko's time studying abroad is such a ( ) memory for her.

1 mature 2 precious 3 expensive 4 acceptable

168

To ( ) something means to know its value or good qualities.

1 appreciate 2 predict 3 advertise 4 provide

やや難

[解] **4** biographical 　　　　　　　　　　　　英検準1級/2008年①
[訳] その学者の最新刊はシェイクスピアの伝記的な研究で、その本の中でシェイクスピアの幼少期から老齢に至る生涯を詳しく述べている。
[解説] 1（物語が）架空の　2 神話の　3（高熱などで）精神が錯乱した　4 伝記(体)の
1は fiction の形容詞形、2は myth の形容詞形、3は delirium「譫妄状態」の形容詞形で、delirium は de-【離れて】+ -lirium【鋤でつけたあぜ道】から「農耕途中であぜ道を離れてしまう状態」→「頭が錯乱した状態」という意味です。4は biography の形容詞形。
(**biography** ☞305)

[解] **2** fascinated 　　　　　　　　　　　　英検準1級/2006年③
[訳] ジュンはずっと昆虫に夢中だ。子どものころ昆虫採集をして、いまだにその多くを家でガラスの容器に保存している。

[解説] 1 ～をがっかりさせる　2 ～を魅了する　3 ～を怒らせる　4 ～にブラシをかける
後半の記述から2が適切です。be fascinated by ～「～に魅了される」で暗記しておきましょう。1は難単語ですが、dis-【分ける】+ -spirit【精神】→「気持ちをバラバラにする」が原義です。3は rage「激怒」の動詞形です。(**fascinate** ☞306)

[解] **2** precious
[訳] ヒロコの留学した期間は、彼女にとってとても貴重な思い出だ。

[解説] 1 成熟した、成長した　2 貴重な　3 値段が高い　4 容認可能な
「留学に過ごした時間」ですから2が適切です。precious は「(宝石、貴金属が)貴重な」から「かけがえのない時間」や「お爺さんがくれた大切な時計」などに対して使います。なお、Hiroko's time studying abroad は、Hiroko's time in studying abroad の in が略された形です。(**precious** ☞307)

[解] **1** appreciate 　　　　　　　　　　　　センター試験
[訳] 何かを正当に評価するということは、その価値や品質の高さを知ることを意味する。
[解説] 1 ～に感謝する、～を評価する　2 ～を予測する　3 ～の宣伝をする　4 (provide A with B) A に B を提供する
後半の定義から1を選びます。appreciate は「～のよさがわかる」から「(事柄)に感謝する」という訳も可能ですから覚えておいて下さい。なお「(人)に感謝する」場合には、thank を使います。間違えた人の多くは3にしました。(**appreciate** ☞308)

169

When Beckham married a pop star he became an instant ( ). Everyone wanted his autograph.

1 calamity 2 amenity 3 celebrity 4 dignity

170

When people look at a face, they see all the various distinguishing features, and the brain automatically stores the "picture" for future ( ).

1 memory 2 reference 3 example 4 character

171

Paul did not have enough time to memorize his conference speech, so he had to ( ) his notes several times while he was speaking.

1 fill out 2 account for 3 refer to 4 wake up

172

North Africa is mainly desert and has no ( ) soil to grow crops.

1 bleak 2 filthy 3 bold 4 fertile

【解】 3 celebrity
【訳】 ベッカムが流行歌手と結婚すると、彼はすぐに有名人になった。誰もが彼のサインを欲しがった。
【解説】 1 災難　2 心地よさ、(快適にする)設備　3 (生きている)有名人　4 威厳
後半の記述から3が適切。日本語でも「セレブ」と言いますね。2はやや難しい単語ですが、ホテルの部屋の備品のことを「アメニティ」ということを知っていれば推測できます。間違えた人の多くは4にしました。4は基本的には不可算名詞で human dignity「人間の尊厳」、the dignity of the court「法廷の尊厳」、death with dignity「尊厳死」などで使います。(**celebrate** ☞310)

【解】 2 reference
【訳】 人間は、人の顔を見る時、様々な目立つ特徴をすべて覚え、その「像」を自動的に脳に記憶し、また会った時の参考にする。
【解説】 1 記憶　2 参照　3 例　4 (総合的な)個性、特性
「将来の〜のために記憶する」ことから2が適切です。reference は refer (to 〜)「(〜を)参照する、(〜に)言及する」の名詞形です。間違えた人の40%が1にしています。memory は、drop from memory「記憶から消える」などの一部の熟語以外は可算名詞です。[例] have a good memory「記憶力がよい」。(**refer** ☞311)

【解】 3 refer to　　　　　　　　　　　　　　　英検2級/2006年①
【訳】 ポールは会議でのスピーチの原稿を覚える時間がなかったので、話している時に何度かメモを見なければならなかった。
【解説】 1 〜に記入する　2 (割合、数字)を占める、〜を説明する　3 〜について言及する、〜を参照する　4 〜の目を覚まさせる、目が覚める
「スピーチを暗記する時間がなかった」ということは「メモを参照した」が適切ですから3が正解です。1は、「(願書やアンケート用紙のように、あらかじめ記入すべきことが明記されている用紙などに)記入する」という意味です。(**refer** ☞311)

【解】 4 fertile
【訳】 北アフリカは大部分が砂漠で、作物を栽培するための肥沃な土壌がない。

【解説】 1 荒涼とした　2 不快な　3 大胆な　4 肥沃な
「作物を栽培するための」から4しか考えられません。fertile は「(土地が)肥沃な」が基本的な意味で、そこから「(議論などが)実りの多い」、「(動植物が)多産な」という意味でも使います。2は難単語ですが、dirty より「汚らしさ」の度合いが強い形容詞です。[例] a filthy towel「汚いタオル」。(**fertile** ☞313)

173

Mental health care providers in the U.S. must be licensed and ( ) by the state in which they work.

1 acquired 2 certified 3 signified 4 impressed

174

Danny Dunce ( ) came bottom of his class when he was a child. I wonder if he ever got a job!

1 consciously 2 concertedly 3 consistently 4 conventionally

175

It's important to have a few close friends that you can ( ) in when you have a personal problem.

1 enroll 2 deal 3 engage 4 confide

176

Customer records are highly ( ). Please keep them in a secure place at all times.

1 consecutive 2 confidential 3 concise 4 considerate

[解] **2** certified
[訳] アメリカでは精神科の専門医は、免許状と自分が働いている州の許可が必要である。
[解説] 1 ~を身につける　2 ~に証明書を与える　3 ~を意味する、~を示す　4 ~に(強い)印象を与える
certify は certain「確かな」と同系語です。This card certifies that he is a member of this club.「このカードは当クラブの会員であることを保証するものである」などで使います。名詞形の certificate「(結婚、出生などの)証明書」「免許証」も重要です。間違えた人の大半が3を選びました。3は「(合図、言動などで)~を示す」、「(態度などが)~を示している」という意味です。[例] This image is used to signify the Holy Trinity.「この像は三位一体を示すために使われている」。(**qualification** ☛参考317)

[解] **3** consistently
[訳] ダニー・ダンスは、子どもの頃、いつもクラスのビリだった。彼は就職したのだろうか。
[解説] 1 意識的に　2 協調して　3 首尾一貫して、常に、ずっと　4 慣例的に
文意に合う副詞は3しかありません。形容詞形の consistent は、A be consistent with B「AとBが一致している、矛盾がない」も重要です。2は難単語ですが、concert の語源が「合唱」だとわかれば納得がいくでしょう。間違った人の大半は4にしました。(**consist** ☛318)

[解] **4** confide　　　　　　　　　　　　　英検準1級/2007年①
[訳] 個人的な問題を相談できる親友が数人でもいることは、大切だ。
[解説] 1 登録する　2 (deal with ~)~を扱う　3 (engage in ~)~に従事する、~をつかんで放さない　4 (confide in ~)~に秘密を打ち明ける、~に相談する
「個人的な問題があるときに」とあるので4が適切です。confide は confidence「信頼、自信」の動詞形で、confide in ~で「~に(信頼して)相談する」の意味です。間違った人の40％以上が、意味を考えずに3にしました。(**confidence** ☛319)

[解] **2** confidential　　　　　　　　　　　英検準1級/2006年①
[訳] 顧客の個人情報は機密事項です。常に安全な場所に保管しておいて下さい。
[解説] 1 連続した　2 機密の、秘密の　3 簡潔な　4 思いやりのある
後半の「常に安全な場所に保管」という記述から2だとわかります。confidence の形容詞は confident「自信のある」、と confidential「(信頼している人にだけ教える)機密の」があります。書類に押される「マル秘」は、英語では confidential です。間違った人の半数近くが1にしました。1は three consecutive holidays「三連休」、after losing ten consecutive games「10連敗の後」などで使う単語です。(**confidence** ☛319)

177

Gail sent out (　) to many different companies, but she still hasn't been invited to any interviews.

1 rejections 2 directions 3 preparations 4 applications

やや難

178

A: Honey, I think we should both start exercising more.
B: Dave, are you (　) that I need to lose weight?

1 predicting 2 implying 3 rejecting 4 gesturing

179

After they had (　) the crops, the farmers enjoyed a huge meal with plenty of alcohol!

1 expelled 2 preserved 3 assembled 4 harvested

180

Chelsea's (　) to Manchester United was unlucky. They did not deserve to lose.

1 defeat 2 command 3 decrease 4 reply

[解] **4** applications 　　　　　　　　　　　　英検2級／2007年①
[訳] ゲールは応募書類を多くの会社に送ったが、まだ一社からも面接試験を求められていない。
【解説】 1 拒絶　2 指示、方角　3 準備　4 志願者用の書類、履歴書
面接試験云々の記述から4が適切だとわかります。apply for ～「～を申し込む」の名詞形が application で、「志願すること、志願者用の書類」の意味で使われます。間違えた人の多くが3にしました。[例] make preparations for the party「パーティを開く準備をする」。(**apply** ☞320)

[解] **2** implying　　　　　　　　　　　　英検2級／2008年①
[訳] A：「ねえ、二人とももっと運動した方がいいと思うんだけど」
B：「デイブ、私に減量が必要だって意味?」
【解説】 1 ～を予測する　2 ～を(暗に)意味する　3 ～を拒絶する　4 身振りをする
目的語として that 節を取るのは1と2ですが、意味が通るのは2だけです。imply の名詞形の implication は、「(将来への) 影響」の意味も重要です。[例] This election has profound implications for our future.「この選挙は我が国の将来に大きな影響を持つ」。(**imply** ☞321)

[解] **4** harvested
[訳] 農民たちは、作物を収穫した後、たくさんの酒とともに、かなりの量の食事を楽しんだ。
【解説】 1(expel A from B) B から A を追放する　2 ～を保存する　3 ～を組み立てる　4 ～を収穫する
後半の記述から「作物を収穫した」のは明らかです。そこで4だとわかります。harvest は名詞では「収穫」の意味ですが、動詞では「(～を) 収穫する」の意味です。「新ジャガ」なら freshly harvested potatoes です。(**harvest** ☞322)

[解] **1** defeat
[訳] チェルシーがマンチェスターユナイテッドに負けたのは運が悪かった。彼らは敗れるはずなどなかった(←敗北に値しなかった)。
【解説】 1 敗北　2 指揮　3 減少　4 返事
後半に「敗れるはずなどなかった」とありますから1が適切です。defeat は動詞の場合には「(敵、相手)を打ち負かす」という意味です。[例] defeat the enemy「敵に勝つ」。「(試合)に勝つ」場合には win を使います。[例] win the game「その試合に勝つ」。(**affair** ☞参考323)

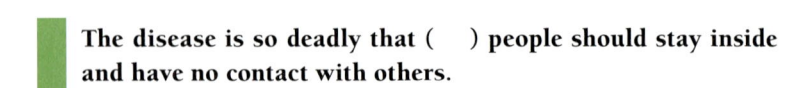

The disease is so deadly that ( ) people should stay inside and have no contact with others.

181

1 cured   2 infected   3 recovered   4 influential

やや難

Your disease is highly ( ). Stay at home and talk to nobody.

182

1 infectious   2 sluggish   3 incidental   4 vicious

難

My dog is very ( ). It sits when I raise my hand and stays when I tell it to.

183

1 awkward   2 hazardous   3 stubborn   4 obedient

People won't have time to read the whole report. Could you prepare a ( )?

184

1 completion   2 concentration   3 facility   4 summary

[解] **2** infected
[訳] その病気は命にかかわるので、感染した人々は外に出てはいけないし、他人と接触してはいけない。
[解説] 1 ~を治す　2 ~を感染させる　3 （失ったものなど）を回復する　4 影響力のある
前半の記述から2が適切。過去分詞の infected は「（病気などに）感染した」の意味です。名詞形は infection で hospital infection といえば「院内感染」です。間違えた人の多くは4にしました。4はプラスイメージの形容詞で、たとえば an influential newspaper「有力紙」などで使います。(**infect** ☞325)

[解] **1** infectious
[訳] あなたの病気は伝染性が強いです。家から出てはいけないし、誰とも話してはいけません。
[解説] 1 伝染性の、人にすぐ伝わる　2 怠惰な　3 付随的な　4 悪意のある
後半の「家にいて誰とも話してはいけない」から、1だとわかります。病気以外でも、たとえば Her happiness is infectious.「彼女の幸せな気分は人にも伝染する」などでも使えます。2は slow と同系語と覚えれば簡単。4は vice の形容詞形。間違えた人の多くは3にしています。[例] incidental expenses「付随的な費用」→「雑費」。(**infect** ☞325)

[解] **4** obedient
[訳] うちの犬は極めて従順です。手を挙げれば座るし、じっとしていろと言えばじっとしている。
[解説] 1 ぎこちない　2 危険な　3 頑固な、（行動が）頑強な　4 従順な
後半の記述から4が正解だとわかります。4は obey ~「~に従う」の形容詞形です。間違えた人の多くは後半の意味を取り違えて3にしてしまったようです。obedient の反意語は、dis-「バラバラの」がついた disobedient「反抗的な」です。(**obey** ☞327)

[解] **4** summary
[訳] 誰も報告書を隅から隅まで読んでいる時間はないと思います。要約したものを用意してもらえますか?
[解説] 1 完成　2 集中　3 施設　4 要約、概要
「報告書のすべてを読む時間がない」ということから4が正解だとわかります。他の例を挙げておきます。[例] Make a one-page summary of your paper.「論文を1ページに要約しなさい」。なお1のcompletionはcomplete ~「~を完成する」の名詞形です。(**summarize** ☞328)

185

These days, more and more Africans (　) to Europe in search of jobs.

1 devote　2 migrate　3 commit　4 indicate

186

Since Lian didn't study much for the science test, most of his classmates (　) that he would fail it. They were surprised when he got the highest score.

1 discovered　2 enforced　3 straightened　4 assumed

187

The line for concert tickets was moving very slowly, but the fans waited (　). They didn't mind the long wait because they really wanted to see the band.

1 especially　2 mainly　3 softly　4 patiently

188

You must leave now; (　), you will be late for your social studies class.

1 instead　2 therefore　3 otherwise　4 accordingly

[解] 2 migrate
[訳] 近頃、仕事を求めてヨーロッパに移住するアフリカ人が増えている。

[解説] 1 (devote A to B) AをBに捧げる 2 移動する 3 (commit A to B) AをBに送る、(犯罪、自殺を)犯す 4 ～を示している
文意から2が適切です。migrate に im-【(= in)中】がつくと immigrate「(外国人が)移住する」で、e-【(= ex-)外】がつくと emigrate「(自国から)移住する」という意味になります。名詞形は migration です。(**immigrant** ☞参考331)

[解] 4 assumed　　　　　　　　　　　　　　　　　　　英検2級/2005年③
[訳] ライアンは理科のテスト勉強をあまりしなかったので、彼のクラスメートのほとんどが彼は試験に通らないだろうと思った。そして、彼が最高点を取った時、彼らは大変驚いた。
[解説] 1 ～を発見する 2 ～を人に守らせる 3 ～をまっすぐにする 4 ～と仮定する、～と思い込む
前半に、「あまり勉強していなかった」とありますから「落第すると思われる」と考えるのが適切です。答えは4です。assume ～ は「～を根拠なく仮定する」から「～を当たり前と考える」という訳も可能です。名詞形は assumption です。(**assume** ☞335)

[解] 4 patiently　　　　　　　　　　　　　　　　　　英検2級/2006年③
[訳] コンサートのチケットを買うために並んでいる人の列は流れがとても遅かったが、ファンは忍耐強く待ち続けた。彼らはそのバンドをとても見たかったので、長い間待つのは苦にならなかった。

[解説] 1 特に 2 主に 3 優しく 4 忍耐強く
「流れが遅い列に並ぶ」から4だとわかります。なお、patiently は patience「忍耐」の副詞形です。patient には「患者(元は耐える人)」という意味もあります。(**patience** ☞337)

[解] 3 otherwise　　　　　　　　　　　　　　　　　　センター試験
[訳] もう行かなきゃ。でないと社会の授業に遅れちゃうよ。

[解説] 1 代わりに 2 それゆえに 3 さもないと、他の方法で 4 それに応じて、それゆえに
文意が通じるのは3だけです。otherwise「もしそうでなければ」は、このように仮定法以外でも使われることがあります。(**otherwise** ☞334)

189

( ) of alcohol by teenagers is on the increase in Britain.

1 Expression 2 Preservation 3 Association 4 Consumption

やや難

190

It never ( ) to Harry that he had been born before his parents' wedding, until he found their marriage certificate.

1 compared 2 occurred 3 recalled 4 referred

191

A: Why don't they use the Euro in the U.K.?
B: Perhaps the British are so proud of their own ( )!

1 receipt 2 payment 3 currency 4 credit

やや難

192

I think Ben is ( ) his time by searching for those old documents.

1 charging 2 sliding 3 spinning 4 wasting

[解] **4** Consumption
[訳] イギリスでは、ティーンエイジャーによる酒の消費が増加している。

[解説] 1 表現すること、表情　2 保存　3 結びつき、関係　4 消費
文内容から4が適切です。consumption は consume「〜を消費する」の名詞形です。本文の主語は Teenagers consume alcohol. を名詞化した形です。間違えた人の多くは2にしました。2は「現状のまま保存すること」という意味です。（**consume ☞336**）

[解] **2** occurred
[訳] ハリーは、両親の結婚許可証を見つけるまで、自分が両親の結婚式の前に生まれていたなんて、考えもつかなかった。

[解説] 1（compare A with B）AをBと比べる、〜を比較する　2 生じる　3 〜を思い出す　4（refer to 〜）〜について言及する、〜を示す
形式上の主語を取り、It 〜 to + 人 that S'V'の形で用いるのは2だけです。It occurs to + 人 that S'V'. で「人にS'V'が生じる」→「人がS'V'を思いつく」です。（**occur ☞338**）

[解] **3** currency
[訳] A：「イギリスではなぜユーロが使われていないの？」
　　B：「ひょっとしたら、イギリス人は、自分の国の通貨をとても誇りにしているのかもしれないね」
[解説] 1 レシート　2 支払い　3 通貨　4 信用
Aの発言から3だとわかります。current は形容詞で「現在の、今まさに流れている」という意味ですが、名詞形の currency は「通貨」という意味です。間違えた人の多くは4のcredit を選びました。（**current ☞339**）

[解] **4** wasting
[訳] ベンは、それらの古い書類を捜すことで、時間を浪費していると私は思う。

[解説] 1 〜を請求する　2 〜を滑らせる、滑る　3 〜を回す　4 〜を浪費する
by 以下の「古い書類を捜すことによって」から4が答えだとわかります。waste は、他動詞で「〜を浪費する」で、名詞では「浪費」です。［例］Playing video games is a waste of time and money.「テレビゲームをすることは時間とお金の無駄だ」。（**waste ☞341**）

193

The problem with working in a big company is that your greatest skills may not be ( ). In a small firm you can really do what you are good at.

1 adapted　2 collected　3 utilized　4 scheduled

194

The recent high energy prices will have a ( ) impact on the economy.

1 conscious　2 negative　3 reluctant　4 voluntary

195

With its tropical climate and natural beauty, Hawaii is a major tourist ( ).

1 attraction　2 invention　3 appointment　4 reputation

やや難

196

Duran is so ( ) about soccer that he sleeps with a ball!

1 passionate　2 ignorant　3 considerate　4 objective

[解] **3** utilized
[訳] 大会社で働くことの問題は、自分の最も高い技能が使われないかもしれないということだ。小さな会社では、自分が得意なことを実際にすることができる。
[解説] 1 ~を適合させる　2 ~を集める　3 ~を利用する　4 ~の予定を立てる
後半の記述から、「大会社では自分の最も高い技術が利用できない」とするのが適切で、3を選びます。1の adapt ~ は「~を(改造して)適合させる」のイメージです。[例] adapt the radio for use with direct current「ラジオを直流電源用に改造する」。(**utilize** ☞342)

[解] **2** negative
[訳] 最近のエネルギー価格の上昇は経済に悪い影響を与えることになるだろう。
[解説] 1 意識のある、わかっている　2 悪い、否定的な　3 (be reluctant to (V)) Vすることに気が進まない　4 自発的な
「エネルギーの価格が上がる」ということはマイナスの影響ですから、2が正解です。日本語の「マイナスの」は、英語では多くの場合 negative です。[例] a negative ion「マイナスイオン」、a negative image「マイナスイメージ」。(**positive** ☞参考343)

[解] **1** attraction
[訳] 熱帯気候と美しい自然のおかげで、ハワイは主要な観光地になっている。

[解説] 1 魅力、引きつけるもの、呼び物　2 発明、発明品　3 (会う)約束　4 評判
「ハワイは~」ですから1しかありません。「ハワイ=評判」ではおかしいですから4は不適です。reputation は S have a good reputation for ~「Sは~でよい評判だ」の形で覚えておきましょう。(**attract** ☞344)

[解] **1** passionate
[訳] デュランはサッカーにとても熱中しているので、ボールを抱いて寝ている。

[解説] 1 熱のこもった、情欲に駆られた　2 無知な　3 思いやりのある　4 客観的な
that 以下の内容から1が正解だとわかります。be passionate about ~「~に関して情熱的だ」→「~に熱中した」という意味です。なお、2も of や about を取ります。[例] We were all ignorant about what was happening at that time.「その時何が起きているのか我々はみんな知らなかった」。(**passion** ☞参考349)

197

Thanks to a successful government campaign, there was a ( ) in the number of traffic accidents last year.

1 decline   2 curve   3 rise   4 gap

198

My boss is ( ) to get drunk at company parties, and then he behaves like a total idiot.

1 exposed   2 reluctant   3 inclined   4 proclaimed

199

Police kept the bank under ( ) all night, but the gang of robbers never turned up.

1 preservation   2 observation   3 inspection   4 investigation

やや難

200

For their safety and the safety of others, drivers must ( ) the traffic rules.

1 observe   2 overlook   3 test   4 violate

[解] **1** decline　　　　　　　　　　　　　　英検2級/2007年①
[訳] 政府のキャンペーンが功を奏して、昨年の交通事故件数は減少した。

[解説]　1 衰え、減少　2 曲線　3 上昇　4 すき間、隔たり
「政府のキャンペーンがうまくいった」とありますから1が適切です。decline は、動詞も同形で、「(徐々に)減少する」、「～を(丁寧に)断る」という意味です。[例] My health began to decline in my fifties.「50代になって健康が衰え始めた」。(**decline** ☞354)

[解] **3** inclined
[訳] 私の上司は、会社のパーティで酔っぱらう傾向があり、その時は、完全な馬鹿のようにふるまう。

[解説]　1 (be exposed to ～)～にさらされる　2 (be reluctant to (V))～することに乗り気でない　3 (be inclined to (V))～しがちだ　4 (be proclaimed to be ～)～と宣告される
be (　) to (V)の形を取るのは2、3、4ですが、文脈に合うのは3だけです。be inclined to (V)は、「～したい気になる」の意味でも使う場合があります。[例] I play the piano only when I feel inclined to.「私がピアノを弾くのは気が向いた時だけだ」。2は inclinedと正反対の意味の形容詞です。(**incline** ☞355)

[解] **2** observation
[訳] 警察は、その銀行を一晩中監視したが、強盗団は決して現れなかった。

[解説]　1 保護　2 観察　3 調査、査察　4 調査、捜査
「銀行」を「見る」に対応する単語は2。observe ～は「～を見る」が基本的な意味で、そこから「～を観察する」「(法律など)を遵守する」という訳語が出てきます。1は「現状を維持しておくこと」の意味でここでは不適。間違った人の多くは3にしました。3は「核査察」などに用い、4は「警察、研究チームの調査」などに用いる単語です。(**observe** ☞359)

[解] **1** observe　　　　　　　　　　　　　　センター試験
[訳] 運転者と同乗者の安全のために、運転者は交通ルールを遵守しなければならない。

[解説]　1 ～を遵守する、～を観察する　2 ～を見落とす　3 ～を試す　4 (法律など)を侵す
「運転者と同乗者の安全のために」とありますから「規則を遵守する」という意味になります。よって1が正解です。observe ～ は「～をしっかり見る」から意味が発展して「～を観察する」「～を遵守する」となりました。(**observe** ☞359)

201

Mike will receive an award for the research he carried out last year, and he certainly (　) it.

1　attends　2　deserves　3　provides　4　surveys

やや難

202

If you have an unreasonable dislike of someone, you are (　) that person.

1　concerned with　2　indifferent to　3　mistaken for　4　prejudiced against

やや難

203

When I told the shop that the electric fan they had sold me didn't work, they offered to (　) it. But I just asked for my money back instead.

1　assemble　2　replace　3　revise　4　compensate

やや難

204

Jennifer was unable to prove her (　) to the police officer because she had no documents with her.

1　constitution　2　esteem　3　identity　4　prison

やや難

[解] **2** deserves
[訳] マイクは去年実施した調査で賞をもらうだろう。彼が賞に値することは疑いない。

[解説] 1 ~に出席する 2 ~に値する 3 (provide A with B) A に B を提供する 4 ~を概観する、(人の意見、考えなど)を調査する
意味をなすのは2のみです。deserve ~は「(賞などのプラスイメージのものや、罰などのマイナスイメージのものなど)に値する」の意味です。[例] A person who steals deserves to be punished. 「盗みを働いたものは罰せられて当然である」。なお、動詞の survey は、survey population growth「人口増加を調査する」などで使います。(**deserve** ☛360)

[解] **4** prejudiced against　　　　　　　　　　　　　　　センター試験
[訳] もし誰かのことを理不尽なほど嫌いと言うのであれば、それはその人に対して先入観を持っているということだ。

[解説] 1 ~に関心を持っている 2 ~に無関心な 3 ~と間違われる 4 ~に対して先入観を持つ
if 節の内容から1、2、3が不適切だとわかり、4を選びます。prejudice は「(他の民族などへの根強い理不尽な)嫌悪感」の意味です。日本語の「先入観」と少しずれていますから注意して下さい。間違った人の多くは2にしました。(**prejudice** ☛361)

[解] **2** replace
[訳] 私に販売した扇風機が動かなかったと店に伝えたら、交換してくれるということだった。でも私は、その申し出を断って、返金してくれと頼んだ。

[解説] 1 ~を組み立てる 2 ~を取り替える、~に取って代わる 3 ~を修正する 4 補償する
「その代わりに返金を要求した」とありますから2が適切です。A replace B「AがBに取って代わる」、人 replace A with B「人がAをBに取って代える」で用います。間違った人の多くは4にしました。4は自動詞として Tom's hard work compensated for lack of ability.「トムの勤勉さが無能の埋め合わせをした」、あるいは他動詞として The company compensated him for the injury he sustained.「会社は彼が受けた怪我に対して補償した」という意味です。(**replace** ☛365)

[解] **3** identity
[訳] ジェニファーは何の身分証も持っていなかったので、警察に身分を証明することができなかった。

[解説] 1 憲法 2 尊敬 3 本人であること、独自性 4 刑務所
identity は、identify A with B「AとBがピッタリ一致することを確認する」の派生語で、「本人であること(を示すもの)、同一物であること(を示すもの)」の意味です。なお「暗証番号」は PIN (Personal Identification Number)です。間違った人の多くは2にしました。2は、しばしば self-esteem「自尊心」で使われる単語です。(**identify** ☛367)

205

¥800 per hour is a ( ) part-time wage for a waiter, but it is far too low for a teacher!

1 reliable   2 dependable   3 stable   4 reasonable

206

A: How ( ) do the buses run in this area?
B: Pretty often. There's usually one every 20 minutes.

1 seriously   2 frequently   3 temporarily   4 particularly

207

She is so ( ) that she cried for days when her pet rabbit died.

1 impressed   2 impressive   3 sensible   4 sensitive

やや難

208

It is ( ) to get a good night's sleep before a test, or you might be too tired to concentrate.

1 affluent   2 domestic   3 sensible   4 urban

[解] **4** reasonable
[訳] 時給800円は、ウエイターにはちょうどいいアルバイト代であるが、教師にはあまりにも安すぎる!
[解説] 1 (主にモノが)信頼できる　2 (主に人が)信頼できる　3 安定した　4 ちょうどいい
後半の「が、教師にはあまりにも安すぎる」という内容から、「ウエイターには、〜アルバイト代」の「〜」にはマイナスイメージではない単語が入るとわかります。wage を修飾する形容詞であることを考慮して4が適切。reasonable は「高くも低くもなくちょうどよい」の意味です。[例] reasonable demands「適切な要求」。(**reasonable** ☛368)

[解] **2** frequently　　　　　　　　　　　　　　　英検2級/2006年①
[訳] A:「この地域ではどのぐらいの頻度でバスが走っていますか?」
B:「かなりバスの便は多いですよ。いつも20分に1本はあります」
[解説] 1 深刻に　2 頻繁に　3 一時的に　4 特に
回数表現に適切な選択肢は2。本文を How often 〜?としても OK ですが、このような場面で How many times 〜?は不適切です。なお、「(バス、列車が)走る」は普通 move ですが、この問題文のように「便がある、ない」を表す時には run も使えます。(**frequently** ☛372)

[解] **4** sensitive　　　　　　　　　　　　　　　センター試験
[訳] 彼女はとても繊細なので、飼っていたウサギが死んだ時、何日も泣き暮らした。
[解説] 1 (強い)印象を受けている　2 印象的な　3 良識がある、賢明な　4 繊細な
後半が過去形であることに注意して下さい。1では「今とても感銘を受けているので、昔泣いた」となりおかしな意味になります。また2では、「彼女が他人に強い印象を与えるような人」になってしまいます。また3では意味が合いませんので4が正解となります。時制を無視して1にしてしまった人が多い問題です。(**sensitive** ☛374)

[解] **3** sensible
[訳] テストの前には、睡眠をしっかり取ることが賢明である。そうでなければ、疲れ過ぎていて、集中できないかもしれない。
[解説] 1 裕福な　2 家庭内の、国内の　3 良識がある、賢明な　4 都会の
文意が通るのは3だけです。sensible は「物がよくわかった、分別がある」という意味です。sensitive「繊細な」とは区別が必要です。[例] I'm sensitive to cold.「私は寒がりです」。(**sensible** ☛374)

209

Kenji's four ( ) to get in Tokyo University all ended in failure. Now he runs a small music business and is incredibly happy with life.

1 responses 2 attempts 3 impacts 4 figures

210

My driving test was ( ) —— I broke the speed limit three times and ran over a dog.

1 disastrous 2 defective 3 distinguished 4 deliberate

やや難

211

Hawaii has often been hit by natural ( ) such as tsunami and volcanic eruptions. They have caused deaths and great damage.

1 resources 2 deficiencies 3 disasters 4 production

212

This year five candidates will run for the House of Representatives in this electoral ( ).

1 region 2 area 3 district 4 place

[解] **2** attempts
[訳] ケンジの、東京大学へ入ろうという4回の試みは、すべて失敗に終わった。現在、彼は、音楽の小さな事業を運営していて、信じられないほど人生に満足している。

[解説] 1 反応　2 試み　3 衝撃、影響　4 数字、人物
空所の後の to 不定詞と結びつく名詞は2しかありません。attempt は、動詞が attempt to (V)の形を取れますから、その名詞形も to (V)を取れるわけです。（**attempt** ☞378）

[解] **1** disastrous
[訳] 私の運転のテストは悲惨だった。3回スピード違反をし、犬を轢いてしまった。

[解説] 1 壊滅的な、災害の　2 欠陥のある　3 傑出した、目立つ　4 よく考えた上での、慎重な、故意の
2、4は不可です。3はプラスイメージで使いますからここでは不適です。よって答えは1。disastrous は disaster「悲惨なこと、災害」の形容詞形です。2は defect「欠陥」の形容詞形で a defective car「欠陥車」、a defective product「欠陥製品」などで使います。（**disaster** ☞380）

[解] **3** disasters
[訳] ハワイは津波や火山の噴火など、自然災害に苦しめられることが多かった。そして災害の都度、多くの死者が出て、甚大な被害を受けてきた。

[解説] 1 資源　2 不足　3 災害、大失敗　4 生産
such as 以下の「津波、火山の噴火」より3が正解だとわかります。natural resources は「天然資源」でここでは意味が合いません。また deficiency は vitamin deficiency「ビタミンの欠乏」などで使う単語です。（**disaster** ☞380）

[解] **3** district
[訳] 今年この選挙区から衆議院議員に向けて5人の候補者が立候補する。

[解説] 1（比較的広い）地域　2（一般的な）地域、面積　3（行政上などの）地域　4 場所
「選挙区」は an electoral district です。よって答えは3です。district は、「選挙区」「学区」のように公的に定められた地域を指します。また the central district of Kyoto「京都の中心街」などの比較的限定される地域にも使えます。1は a mountain region「山岳地帯」、the Arctic region「北極地方」などの天気予報に出てきそうな単語です。2の area は「地域」を表す最も一般的な語です。（**district** ☞382）

213

A: One hundred dollars for ( ) Rolex watches? That is far too cheap.
B: Very well, sir. For you I will charge two hundred dollars.

1 genuine 2 honest 3 valid 4 actual

214

Those sticky beans may be ( ), but they look and smell disgusting.

1 durable 2 audible 3 edible 4 legible

215

The trainer ( ) a meeting with the athletes in the locker room.

1 arranged 2 convinced 3 executed 4 possessed

やや難

216

Many wild animals, such as lions, will fight to death in order to defend their ( ).

1 planets 2 proportions 3 ranges 4 territories

[解] **1** genuine

[訳] A:「本物のロレックスの時計が100ドルだって？ そんなのあまりにも安すぎる」
B:「承知いたしました。特別に200ドルにしましょう」

[解説] 1 正真正銘の、本物の　2 正直な　3 妥当な、有効期限内の　4 実際の
watchesと結びつく形容詞は1だけです。genuine＋名詞の例を挙げておきます。genuine leather「本革」、a genuine signature「本人の(直筆の)署名」、a genuine Picasso「本物のピカソの絵」、genuine affection「本物の愛情」。(**genuine** ☞388)

[解] **3** edible

[訳] それらのネバネバする豆は、食べられるかもしれないが、見た目もにおいも不愉快だ。

[解説] 1 耐久性のある　2 聞こえる　3 食べられる、食用の　4 判読できる
後半の「が、見た目もにおいも不愉快だ」から、空所にはマイナスイメージ以外の形容詞が入るとわかります。「豆」が主語であることを考慮すれば3が答えだとわかります。legibleは難語ですが、【ラテン語 *legere* 集める、読む】を語源にもつ単語で、lecture「講義」、lesson「授業」などが同系語です。間違えた人の大半は1にしました。1は a durable carpet「持ちのよいカーペット」、durable friendship「長続きする友情」、consumer durable goods「耐久消費財」などで使います。(**edible** ☞390)

[解] **1** arranged

[訳] トレーナーはロッカールームで選手たちとミーティングをする準備をした。

[解説] 1 〜の手はずを整える　2 (convince A of B) AにBを確信させる　3 〜を実行する　4 〜を所有している
意味が通るのは1だけです。arrange〜 の基本的な意味は「〜を並べる、〜を配列する」です。[例] Arrange your books in alphabetical order.「本をアルファベット順に並べなさい」。そこから「(結婚式など)の取り決めをする」という意味でも使います。なお3のexecuteは「(命令、計画、作戦、義務など)を実行する」という意味です。(**arrange** ☞400)

[解] **4** territories

[訳] ライオンのような野生動物の多くは、自分の縄張りを守るために、死ぬまで戦うものだ。

[解説] 1 惑星　2 割合、比例　3 範囲　4 領土、領域
「多くの野生の動物が防御するもの」は4しかありません。なお、the Northern Territoriesで「(日本の)北方領土」の意味です。また3は、a wide range of pollution「広範囲にわたる汚染」、a long-range missile「長距離ミサイル」などで使います。(**territory** ☞402)

217

Tim was mistakenly ( ) by the police for robbing a convenience store. Tom, his twin brother, is the real thief.

1 declined 2 prevented 3 employed 4 arrested

218

In many cities, some office buildings are being ( ) into apartments for people who want to live in downtown areas.

1 converted 2 rattled 3 suppressed 4 enrolled

やや難

219

Peter's father was always very busy when he was working for the bank, but since his ( ) he has had a lot of free time.

1 retirement 2 maintenance 3 recognition 4 foundation

220

When I ( ) I will pursue a new hobby.

1 creep 2 obey 3 retire 4 splash

[解] 4 arrested
[訳] ティムは、コンビニを襲ったとして警察に誤認逮捕された。彼の双子の弟のトムが真犯人(=本当の泥棒)だ。

[解説] 1 ~を(丁寧に)断る、減少する　2 ~を予防する　3 ~を雇う　4 ~を逮捕する
「コンビニを襲ったとして警察に~された」ですから4しか考えられません。名詞も同形です。[例] You are under arrest.「お前を逮捕する」。(**arrest** ☞403)

[解] 1 converted　　　　　　　　　　　　　　　　　　　英検2級/2006年③
[訳] 都心に住みたがっている人のために、オフィスとして使われていた建物をアパートに作り直している町が多い。

[解説] 1 ~を転換させる　2 (物が)がたがたいう　3 ~を抑える　4 登録する
「建物」を目的語として取れる動詞は1しかありません。convert は、元々「(別の宗教に)~を改宗させる」という意味ですが、今では「~を変える」の意味で使います。(**convert** ☞ p.152の No.28)

[解] 1 retirement　　　　　　　　　　　　　　　　　　　英検2級/2006年①
[訳] ピーターの父は銀行員をしていた頃いつも大変忙しかったが、仕事を引退してからは自由に使える時間が増えた。

[解説] 1 引退　2 維持　3 認識　4 基礎、設立
空所の後の「自由時間が多い」という内容から答えは1の retirement を選びます。これは retire「引退する」の名詞形です。なお、a mandatory retirement system で「定年制」です。(**retire** ☞ p.152の No.31)

[解] 3 retire
[訳] 退職したら新しい趣味を見つけようと思っています。

[解説] 1 はう、はって進む　2 (人、命令など)に従う　3 引退する、退職する　4 (水、泥などが)はねる、飛び散る
文意が通るのは3だけです。retire は「(定年、力の限界から)退職する」という意味です。普通、自動詞で使うことに注意して下さい。[例] retire from politics「政界から引退する」、retire early「早期退職する」。(**retire** ☞ p.152の No.31)

STAGE-3

「やや難」「難」の問題がスラスラ解けるようになれば、キミの英単語力はかなりアップしているはず。

次の英文の（　）に入れるのにもっとも適当なものを、それぞれ、1、2、3、4の中からひとつ選びなさい。

221

A: Excuse me. Does this train go directly to the airport?
B: No. You'll have to (　) to the Green Line at the next station.

1 overcome　2 interpret　3 transfer　4 relate

222

Christine became so tired of city life that she decided to spend her whole summer vacation in a (　) village in the mountains.

1 bulky　2 dense　3 hectic　4 remote

やや難

223

Department stores in Tokyo generally provide excellent service, and staff are well-trained and (　).

1 negligent　2 rough　3 courteous　4 insistent

224

If you don't know what a word means, you can find the (　) in a dictionary.

1 decision　2 definition　3 determination　4 direction

[解] **3** transfer　　　　　　　　　　　　　英検2級/2006年②
[訳] A：「すみません。この列車で乗り換えなしに空港へ行きますか？」
　　 B：「いいえ。次の駅でグリーンラインに乗り換えなければなりませんよ」

[解説]　1 ～を克服する　2 ～を解釈する、通訳する　3 乗り換える　4 （relate to ～）～と関係がある
transfer は名詞も動詞も同形で、「乗り換え」「乗り換える」どちらでも使えます。「～に乗り換える」は簡単に change to ～ということもできます。（**transfer** ☞411）

[解] **4** remote　　　　　　　　　　　　　英検準1級/2006年②
[訳] クリスティンは都会での生活に嫌気が差してきたので、山間部の人里離れた村で夏休みの間ずっと過ごすことに決めた。

[解説]　1 （持ち運びや保管が困難なほど）とても大きい　2 （人、物が）密集した、（霧、雲などが）濃い　3 多忙な　4 遠く離れた、辺ぴな
「都会の生活に疲れた」とありますから4が適切です。remoteは、単に「遠い」だけでなく「辺ぴな」というイメージの単語です。なお bulky は「運ぶのが難しいくらい大きな」、hectic「やることが多くてとても忙しい」の意味です。（**remote** ☞414）

[解] **3** courteous
[訳] 東京のデパートはどこでもサービスが素晴らしい。社員はしっかりとした教育を受けているし、とても礼儀正しい。

[解説]　1 怠慢な　2 ざらざらした、粗い　3 礼儀正しい　4 主張する、執拗な
well-trained「しっかり教育されて」と並列されていることから3だとわかります。court「宮廷」の人々のように「礼儀正しい」というイメージです。（**courteous** ☞419）

[解] **2** definition
[訳] 単語の意味がわからなければ、辞書でその定義を調べればいい。

[解説]　1 決意　2 定義　3 決めること、堅い決意　4 指示、方角
「辞書で」とあれば2以外には無理ですね。なお、definition は、define「～を規定する、～を定義する」の名詞形です。decision は decide の、determination は determine の名詞形です。（**define** ☞423）

225

Research shows that language skills are not ( ) to humans, but some people don't agree with this idea.

1 reflected   2 occupied   3 confined   4 involved

226

A: Roger's too late! Let's go without him.
B: I'm sure he'll be here soon; please don't make a ( ).

1 anger   2 feat   3 fuss   4 fury

227

These days ( ) in political elections tend to promise similar things.

1 commuters   2 correspondents   3 witnesses   4 candidates

228

The first step in buying a used car is to find a ( ) dealer. Ask around; your neighbors or co-workers can probably recommend someone.

1 stern   2 gloomy   3 deceitful   4 reputable

【解】**3 confined**

【訳】調査によると、言語能力は人間特有のものではないそうだが、この考え方に反対している人もいる。

【解説】 1 ~を反射する、(reflect on~)~を熟考する 2 ~を占める 3 ~を閉じ込める、~を制限する 4 ~を巻き込む、~を伴う

空所の後ろの to ~と結びつくのは3だけです。be confined to ~で「~に閉じ込められている、~に制限されている」の意味です。間違えた人の大半は1にしました。1は、受動態では S be reflected in ~「S は~に反映されている」で用います。(**confine** ☞425)

【解】**3 fuss**

【訳】A：「ロジャーは遅すぎる！ 彼抜きで行こうよ」
B：「彼はすぐに来るよ。ギャーギャー言わないでね」

【解説】 1 怒り 2 偉業 3 騒ぎ立てること 4 激しい怒り

冠詞が a であることに着目すれば1は消えます。2は意味が合いません。4は show one's fury「自分の怒りをぶちまける」で使いますが、make とは合いません。よって3が正解です。ちょっとだけうるさい時は、動詞として用いて Don't fuss! とし、「騒ぐな!」という場合には Don't make a fuss! とします。(**fuss** ☞426)

【解】**4 candidates**

【訳】近頃、政治の選挙の候補者は似たようなことを公約する傾向がある。

【解説】 1 通勤者 2 文通相手、通信員 3 目撃者、証人 4 候補

「選挙」とあるから4が適切です。candidate は「選挙の候補者」だけでなく、広い意味での「候補」にも使うことができます。[例] The play is a prime candidate for the award.「その劇は賞の有力候補です」。(**candidate** ☞427)

【解】**4 reputable** 英検準1級/2006年②

【訳】中古車を買おうと思ったら、まず最初に評判のよい業者を見つけることが必要だ。自分の周りの人に聞いてみればいい。おそらく、近所の人や会社の同僚といった人々がいい業者を推薦してくれることだろう。

【解説】 1 厳しい 2 憂うつな 3 うそつきの 4 評判のいい

後半の内容から4が適切。reputable は reputation「評判」の形容詞形。しばしばプラスイメージで使われます。[例] a highly reputable restaurant「評判の高いレストラン」。なお1は strict「(規則、教師などが)厳しい」より強い意味の形容詞、これがワナ。3は deceive「~を取り込む、~をだます」の形容詞形です。(**reputation** ☞431)

229

Peter's (　) as a heavy drinker means he will never be promoted.

1 reputation   2 requirement   3 emphasis   4 consideration

230

Fortunately, bus services are now back to (　) after yesterday's strike.

1 common   2 ordinary   3 normal   4 regular

難

231

At the interview, Peter tried to (　) a higher salary for his new job, but the company refused to change its offer.

1 subscribe   2 negotiate   3 contribute   4 delete

やや難

232

It was the child's mother's (　) that caused his accident in the kitchen.

1 negation   2 negligence   3 breakout   4 breakthrough

やや難

[解] **1** reputation
[訳] ピーターは大酒飲みだという評判があるので、けっして昇進しないだろう。

[解説] 1 評判　2 必要となるもの、必要条件　3 強調　4 考慮、思いやり
意味が通じるのは1だけです。a ～ reputation as A で「Aとしての～な評判」の意味です。他にも a school with a good reputation「評判のよい学校」、Mr. James has a reputation for being strict but fair.「ジェイムズ先生は厳しいが公平だという評判だ」などで使います。（**reputation** ☞431）

[解] **3** normal　　　　　　　　　　　　　　　　　センター試験
[訳] 幸いにも、昨日のストライキが終わってバスの運行は通常通りに戻っている。

[解説] 1 ありふれた、共通の　2 平凡な　3 正常な、正常　4 規則正しい
前置詞 to の後なので名詞を選びます。1、2、4はすべて形容詞ですから答えは3です。common sense「良識」、ordinary people「凡人」、regular hours「規則正しい時間」などで暗記しておきましょう。なお back to normal で「正常に戻って」という意味です。40%以上の人が4にしてしまいました。（**enormous** ☞参考432）

[解] **2** negotiate　　　　　　　　　　　　　　　英検2級/2005年③
[訳] 面接で、ピーターは新しい仕事に対して給料をもう少し高くしてもらうように交渉しようとしたが、会社側は条件を変えなかった。

[解説] 1（subscribe to ～）～に加入している、～を定期購読する　2 ～を取り決める、交渉する　3（contribute A to B）AをBに与える　4（文字、記録など）を削除する
文脈を考えれば答えは2です。negotiate は自動詞の「交渉する」だけでなく、他動詞として negotiate ～「～を（交渉の末）取り決める」という用法も重要です。（**negotiate** ☞436）

[解] **2** negligence
[訳] 台所でその子どもの事故が起きた原因は、まさに母親の怠慢だった。

[解説] 1 否定　2 放置、怠慢　3 脱獄　4 重大な発見、突破口
「事故の原因」とあるので2が適切です。neglect の名詞形には neglect「（きちんとした手入れなどを）怠ること」と、negligence「（職務などの）放置、怠慢」の2つがあります。3は break out「（戦争、火事などが）勃発する」とはちょっと違い、「（刑務所から）脱走すること」の意味です。（**neglect** ☞437）

233

Since Craig's recent divorce he has been ( ) his work and gambling a lot.

1 improving   2 neglecting   3 promoting   4 increasing

234

Philip ( ) a lot of cash at the bank and was later robbed at knifepoint.

1 withstood   2 demolished   3 withdrew   4 prohibited

やや難

235

A: Ann, I'm doing the laundry now. Can I put your new shirt in the dryer?
B: No. It's 100% cotton, so it'll definitely ( ). Let me hang it out to dry.

1 shrink   2 skid   3 stray   4 lapse

236

After the hurricane, a group of volunteers agreed to ( ) the difficult task of removing debris from the area's beaches.

1 withhold   2 overlook   3 undertake   4 upstage

【解】**2** neglecting
【訳】クレイグは最近離婚してから、仕事を怠り、ギャンブルに明け暮れている。

【解説】 1 ~をよくする、よくなる　2 ~を放置する　3 ~を促進する　4 増加する
「ギャンブルに明け暮れている」とありますから2が適切です。neglect「~を怠る、~を放置しておく」は take care of ~「~を世話する」の反意語と覚えておきましょう。a neglected garden といえば「草がほうほうと生えた庭」のイメージです。(**neglect** ☞437)

【解】**3** withdrew
【訳】フィリップは、銀行でたくさんの現金を引き出し、その後、ナイフの刃先をつきつけられて、強奪された。
【解説】 1 （暑さ、寒さ、圧力など）に耐える　2 （建物）を完全に取り壊す　3 ~を引き出す、~を撤回する、~を引き揚げる　4 ~を禁じる
「その後襲われた」とありますから「お金を引き出した」とするのが適切です。3が正解。withdraw は、withdraw one's previous remark「前言を撤回する」や、withdraw the curtain「カーテンを引く」や、withdraw the army「軍隊を撤退させる」などでも使います。なお、2は pull down より硬い単語で「（建物）を完全に破壊する」の意味です。(**withdraw** ☞440)

【解】**1** shrink　　　　　　　　　　　　　　　　　英検準1級/2006年③
【訳】A:「アン、今洗濯しているところなんだけど、あなたの新しいシャツを乾燥機に入れても大丈夫?」
B:「いや、やめておいて。綿100%なのよ。乾燥機に入れたら間違いなく縮んじゃうわ。自分で陰干しすることにするわ」
【解説】 1 （服などが）縮む　2 （車などが）滑る　3 道に迷う　4 陥る、堕落する
文脈から1が適切。なお「車がスリップする」には slip ではなく skid を用います。また3の stray は、動詞では stray into ~で「~に迷い込む」が重要です。また、形容詞では a stray sheep「迷える羊」、a stray bullet「流れ弾」などで使います。4の lapse は、lapse into ~で「（沈黙や混沌など）の状態に陥る」で使われます。(**outgrow** ☞参考441)

【解】**3** undertake　　　　　　　　　　　　　　英検準1級/2005年③
【訳】ハリケーンの後、被害にあった地域の海岸にある住居などの残がいを撤去する困難な仕事を、あるボランティア団体が引き受けることに同意した。
【解説】 1 （支払いなど）を保留する　2 ~を見落とす、~を大目に見る　3 ~を引き受ける　4 （他の重要な人物を差し置いて）~の注目を集める
「ハリケーンの後、ボランティア団体が」とあるので「引き受けることに同意した」が適切で、3が正解。undertake ~ は「~を引き受けて、始める」という意味ですが、訳す時には、「~を引き受ける」か「~を始める」のどちらかを文脈で選びます。(**undertake** ☞443)

237

The rock star's reputation was seriously ( ) when he admitted his drug addiction.

1 upheld 2 uplifted 3 underlined 4 undermined

238

When you send your grandmother a Christmas card, don't forget to ( ) a recent photograph.

1 appear 2 discover 3 include 4 succeed

239

Champagne on this flight is available ( ) to first class passengers.

1 excessively 2 exceedingly 3 exceptionally 4 exclusively

240

I did my best to ( ) my ambition.

1 consult 2 fulfill 3 scatter 4 threaten

[解] **4** undermined
[訳] そのロックスターが薬物中毒を認めた時、彼の評判はひどく落ちた。

[解説] 1（弱体化しないように法律、主義、制度など）を支持する　2（人の気持ち）を高揚させる、陽気にする　3 ～に下線を引く、～を強調する　4 ～を（徐々に）弱める
「麻薬中毒を認めた」は「評判の低下」を招きますから4が正解。undermine は「～の下を掘る(mine)」から「(人、もの)を弱体化させる」の意味です。undermine one's confidence in ～「～に対する自信を揺るがせる」などでも使います。間違った人の多くが3を選びました。(**undertake** ☛参考443)

[解] **3** include
[訳] おばあちゃんにクリスマスカードを送る時には、最近の写真を同封するのを忘れないようにね。

[解説] 1 現れる、～に見える　2 ～を発見する　3 ～が含まれている　4 (succeed in ～)～で成功する、(succeed (to)～)～の後を継ぐ
「写真を～するのを忘れるな」とありますから3が適切です。前置詞の including ～「～を含めて」も一緒に覚えておいて下さい。(**include** ☛447)

[解] **4** exclusively
[訳] このフライトでのシャンパンは、ファーストクラスのお客様だけにお召し上がりいただけます。

[解説] 1 過度に、度を超えて　2 非常に、とても　3 例外的に　4 ～だけ、排他的に
exclusively +副詞(句、節)で「～だけ」の意味になります。形容詞の exclusive も exclusive to ～で「～だけに(独占的に)」の意味です。なお an exclusive club と言えば「会員制の(高級)クラブ」の意味です。間違えた人の大半が3にしました。3は、The weather, even for January, is exceptionally warm.「天候は1月にしては例外的に暖かい」などで使います。(**exclude** ☛448)

[解] **2** fulfill
[訳] 自分の野望を達成するために最善を尽くした。

[解説] 1 ～に相談する　2 ～を果たす　3 ～をばらまく　4 ～を脅迫する
目的語に ambition「野心、大望」を取るのは2しかありません。fulfill は、①「願い」ambition、hope、dream　②「義務、約束」duty、obligation、promise　③「目的」goal、aim などを目的語に取ります。(**fulfill** ☛454)

241

At the airport, security guards were checking the (　) of travelers' bags to make sure that there was nothing dangerous in them.

1 targets　2 contents　3 projects　4 awards

242

The police officers were forced to give up their (　) of the thief when they lost sight of him in the crowded town square.

1 vocation　2 pursuit　3 venture　4 mission

やや難

243

A woman who burned herself drinking coffee at McDonald's is trying to (　) the company for $200,000.

1 owe　2 sue　3 claim　4 fine

難

244

The (　) in my biology class is so bad that students once threw dead frogs at each other after their anatomization!

1 antipathy　2 discipline　3 oppression　4 punishment

[解] 2 contents　　　　　　　　　　　　　　　　　　英検2級/2006年③
[訳] 空港で、中に危険物が入っていないか調べるため、検査員が旅行者のカバンをチェックしていた。
[解説] 1 目標　2 内容、目次　3 計画　4 賞、賞品、賞金
「旅行カバンの〜をチェックした」より2が適切。content は、原則的には複数形で用いられ「contain されているもの」の意味から「(本などの)目次、内容」から「(カバン、部屋などの)中にあるもの」で使われます。形容詞の content は「満ち足りている」の意味です。[例] I'm very content with this book.「この本があれば満足だ」。(**content** ☜451)

[解] 2 pursuit　　　　　　　　　　　　　　　　　　英検準1級/2006年①
[訳] 警官は混雑した町の広場で泥棒を見失ったため、追跡するのをあきらめざるを得なかった。
[解説] 1 天職　2 追跡　3 冒険、投機　4 使命、使節(団)
「泥棒を見失ったために」とあるから「追跡をあきらめた」が適切で2が正解。pursuit は pursue「〜を追求する、追跡する」の名詞形です。4は、元は「(派遣される人の)使命」、「使節団」という意味だったのが、今では「(組織の)任務」という意味でも使われるようになりました。(**pursue** ☜455)

[解] 2 sue
[訳] マクドナルドでコーヒーを飲んでいる時にやけどをした女性が、20万ドルを求めてマクドナルドを訴えようとしている。
[解説] 1 〜を借りている、〜のおかげである　2 〜を告訴する　3 〜と主張する、〜と要求する　4 〜に罰金を科す
「20万ドルを求めて会社を〜する」から2が適切。sue は pursue と同じく「追求する」が原義です。なお、lawsuit「訴訟」も一緒に覚えておきましょう。間違えた人の大半は3にしました。日本語の「クレーム」は、英語では complain「不平を言う」だということを是非覚えておきましょう。(**suitable** ☜参考456)

[解] 2 discipline
[訳] 私の生物の授業は規律がとても乱れていて、生徒同士が解剖の後の死んだカエルを投げ合ったほどだ。
[解説] 1 反感　2 規律、躾(しつけ)、(学問の)分野　3 圧迫　4 罰すること、罰
「授業の〜が乱れている」だから2が適切。discipline は「弟子などの躾、規律」という意味です。[例] keep discipline「規律を守る」、school discipline「学校の規律」、home discipline「家庭の躾」。さらに「(厳しく分けられた学問上の)分野」という意味も持ちますから注意して下さい。間違いの多くは3でした。(**discipline** ☜461)

245

Laura was born in Britain, but she is now a ( ) of the United States. She has lived there for over 20 years.

1 tourist 2 citizen 3 member 4 relative

246

If you're interested in global warming, this article is worth ( ).

1 to be read 2 having read 3 to read 4 reading

247

I'm afraid your parents will never give their ( ) to your trip abroad.

1 admission 2 consent 3 excuse 4 pardon

難

248

Danny was hopeless at French. His greatest ( ) in the subject was spelling "Paris" correctly!

1 achievement 2 appointment 3 appreciation 4 attention

[解] 2 citizen 　　　　　　　　　　　　　　　英検準2級/2006年③

[訳] ローラはイギリスで生まれたが、今はアメリカ国民だ。彼女がアメリカに住んでもう20年になる。

[解説] 1 旅行者　2 市民、国民　3（集団、組織の）一員　4 親戚
文脈から2であることは明らかです。citizenship「市民権」も一緒に覚えて下さい。間違えた人の多くは3を選びました。（**citizen** ☛465）

[解] 4 reading

[訳] 地球温暖化に興味があれば、この記事は読んでみる価値がある。

[解説] 選択肢の語句の意味は省略します。be worth で一つの他動詞と考えればよいでしょう。目的語には、$100「100ドル」、a fortune「財産」、a try「やってみること」、your effort「あなたの努力」などが来ます。もし動詞を持ってくる場合には、他動詞あるいは自動詞＋前置詞 の (V)ing の形になります。たとえば This music is worth listening. は間違いで、This music is worth listening to. は可です。is worth の後に続くことができるのは4のみです。（**worth** ☛474）

[解] 2 consent 　　　　　　　　　　　　　　　センター試験

[訳] 残念だけど、ご両親はあなたが海外旅行するのをけっして許さないと思うよ。

[解説] 1 （入場、入学などの）許可　2 承諾　3 言い訳　4 許し、寛容
空所の後の to ～と結びつき、また文意が通るのは2しかありません。consent は動詞も名詞も同形で、共に consent to ～「～を承認する、～に対する承認」で使います。間違った人の50％以上は1にしました。1は、「（入会、入場、入院などの）許可」の意味です。（**consent** ☛479）

[解] 1 achievement

[訳] ダニーはフランス語についてはあきらめていた。その科目で彼が身につけた最高の知識は、"Paris"の正しいつづりだった。

[解説] 1 達成、業績、達成すること　2 （会う）約束　3 （良いものを良いと）評価すること　4 注意
文意に合うものは1の「偉業」しか考えられませんね。achievement は「達成すること」という意味から「業績、偉業」という意味を持ちます。本文の訳は「科目において達成したもの」から「その科目で獲得した知識」と意訳してあります。（**achieve** ☛481）

249

Paul's bad manners and silly errors (　) led to him losing his job.

1 casually　2 indefinitely　3 intimately　4 ultimately

やや難

250

After they (　) the hairs and blood, scientists should be able to identify the murderer.

1 establish　2 determine　3 analyze　4 exclude

251

The parts of these computers are manufactured in Korea, and then shipped to Thailand for (　) into the finished product.

1 assembly　2 compiling　3 distribution　4 attachment

難

252

The European Champions League takes a break in December and January and (　) in February.

1 delays　2 demands　3 responds　4 resumes

やや難

[解] **4** ultimately
[訳] ポールのマナーの悪さと馬鹿げた間違いによって、最終的に彼は職を失った。

[解説] 1 さりげなく　2 漠然と、不鮮明に　3 親しく、詳しく　4 最終的に
「ポールのマナーの悪さと馬鹿げた間違い」が主語で、「～職を失った」から、「最終的には」が適切ですね。4が正解です。ultimate は our ultimate goal「私たちの究極の目標」、the ultimate source of life「生命の根源」などでも使います。(**ultimate** ☞484)

[解] **3** analyze
[訳] 科学者たちが毛髪と血液を分析すれば、殺人犯を特定できるはずだ。

[解説] 1 ～を確立する、～を設立する　2（A determine B）B は A で決まる　3 ～を分析する　4 ～を排除する
後半の記述から、適した動詞は3です。4の exclude はしばしば exclude A from B「A を B から除外する」で使いますので、あわせて覚えておいて下さい。(**analysis** ☞487)

[解] **1** assembly
[訳] これらのコンピュータの部品は韓国で製造され、タイに輸送され組み立てられ完成品になる。

[解説] 1 組み立て、組み立て部品、集会　2 編集　3 分配、分布　4 付属品、愛着
assembly は the freedom of assembly「集会の自由」などの「集会」の意味から、the assembly of cars「車の組み立て」などの意味でも使えます。「集める」イメージが大切です。into が「変化の結果を示す」ことを知っていないと難しいかもしれません。(**assemble** ☞491)

[解] **4** resumes
[訳] ヨーロッパチャンピオンリーグは12月と1月は休みで、2月に再開される。

[解説] 1 ～を遅らせる　2 ～を要求する　3 反応する　4 ～を再開する、再開される
「12月と1月は休みで、2月に～」とありますから4が適切です。resume は、他動詞でも自動詞でも使えることに注意して下さい。1にする人が多い問題です。1は、The plane was delayed two hours owing to fog.「飛行機は霧のため2時間遅れた」などで使います。(**resume** ☞493)

253

A: Why is Jane leaving the company?
B: I don't know for sure. (　), she's found a better offer elsewhere.

1 Ultimately 2 Presumably 3 Consequently 4 Intuitively

やや難

254

"New health insurance cards will allow holders to indicate if they wish to (　) their organs in case of death", officials said.

1 donate 2 threaten 3 expire 4 tempt

255

Police were on high (　) when President Bush visited Kyoto.

1 alert 2 agenda 3 angle 4 altitude

やや難

256

British schools (　) hundreds of years ago are usually the most expensive to attend.

1 founded 2 settled 3 grounded 4 raised

[解] **2 Presumably** 英検準1級/2006年③
[訳] A：「なぜジェーンは会社を辞めるの？」
B：「はっきりしたことはわからないけど、おそらくどこかでよりよい条件の提示を受けたんじゃないかなあ」
[解説] 1 最終的に 2 おそらく 3 その結果 4 直観的に
前半に「はっきりわからない」とありますから2が適切です。presumably は、どちらかと言えば硬い文で用いられ、確信の度合いがかなり高いときに使われます。多くの人が選んだ3は、前文を受けて「その結果」という意味ですから本文では不可です。（**presume** ☞494）

[解] **1 donate** 英検準1級/2006年①
[訳] 「新しい健康保険証では、加入者はもし自分が亡くなった場合に、希望に応じて臓器を提供することを明示することができるようになっています」と役所の人が言った。
[解説] 1 ~を寄付する 2 ~を脅迫する 3 期限が切れる 4 ~を誘惑する
「ドナー」は日本語にもなっていますから簡単ですね。donate は「（慈善事業などに金品）を寄付、寄贈する」や「（血液、臓器など）を提供する」で使われます。「献血する」は donate blood と言います。（**endow** ☞参考496）

[解] **1 alert**
[訳] ブッシュ大統領が京都を訪れた時、警察は警戒態勢を取っていた。

[解説] 1 警報、警戒 2 重要課題、協議事項 3 角度 4 高度
「ブッシュ大統領が京都を訪れた時」ということから1が適切。on alert で「（警察などが）警戒中で」の意味です。a tornado alert「竜巻警報」などもあわせて覚えて下さい。なお2の agenda は「（主に政治における）重要課題」です。the agenda at the summit で「サミットにおける重要課題」の意味です。また4は latitude「緯度」などと同系語です。（**alert** ☞497）

[解] **1 founded**
[訳] 何百年も前に設立されたイギリスの学校は、普通は学費がもっとも高い。

[解説] 1 ~を設立する 2 ~を解決する、（~に）定住する 3 (ground A on B) A の基盤を B に置く 4 ~を上げる、~を育てる
文意に合うのは1だけです。found は、find「~を見つける」の過去形、過去分詞形とは区別して下さい。なお、この英文はイギリスの寄宿舎制私立学校（パブリックスクール）のことを指します。（**found** ☞498）

257

European philosophers had a ( ) influence on legal and education systems.

1 compensatory 2 resistant 3 profound 4 decadent

やや難

258

It can be dangerous to ( ) your skin to strong sunshine.

1 impress 2 compose 3 express 4 expose

259

To improve people's health, some European countries are starting to ( ) bans on smoking in public places.

1 command 2 resign 3 devote 4 impose

260

During the chess match, the champion realized that he had finally met a worthy ( ) and was actually in danger of losing his world title.

1 companion 2 attendant 3 opponent 4 operative

[解] 3 profound
[訳] ヨーロッパの哲学者は法律と教育のシステムに深い影響を与えた。

[解説] 1 補償の　2 抵抗している　3（思想、影響力などが）深い　4 退廃的な
influenceと結びつく形容詞は3しかありません。なお4のdecadentはdescend「降下する」と同系語です。また1のcompensatoryはcompensate「補償する」の形容詞形です。間違った人の多くが選んだ2では文意が通りません。（**profound** ☞499）

[解] 4 expose　　　　　　　　　　　　　　　　　　　　　　　センター試験
[訳] 肌を強い直射日光にさらすのは危険だよ。

[解説] 1 ～に強い印象を与える　2 ～を構成する　3 ～を表現する　4（expose A to B）AをBにさらす
A to Bの形を取るのは4のみです。意味的にも4以外は無理です。他の例を挙げておきます。[例] While traveling abroad, you are exposed to different cultures.「海外旅行すれば、様々な文化に触れることができる」。（**expose** ☞501）

[解] 4 impose
[訳] 人々の健康を向上させるために、公共の場所での喫煙を禁止し始めているヨーロッパの国もある。

[解説] 1（権力者が）～を指揮する　2（～を）辞職する　3（devote A to B）AをBに捧げる　4 ～を課す、(impose A on B) AをBに押しつける
（　）A on Bの形を取るものは4しか考えられません。impose A on Bは、「A（義務、負担、苦難、税金、制裁などマイナスのもの）をBに押しつける」イメージです。（**impose** ☞502）

[解] 3 opponent　　　　　　　　　　　　　　　　　　　　英検準1級／2005年③
[訳] チェスの試合の間じゅう、チャンピオンは、好敵手に出会ったことと、実際に世界タイトルを奪われるかもしれないということを痛感していた。

[解説] 1 仲間　2 付き添い人　3（対戦）相手、敵　4 刑事、秘密諜報員
「チェスの試合」とありますから3が適切です。an opponentは「（試合、競技などの）相手、ライバル」「（計画などの）反対者」の意味で用いられます。なお1は、一緒に行動することに重点を置いた語です。[例] one's drinking companion「飲み友だち」。（**oppose** ☞503）

261

Workers who ( ) the management's decisions were fired.

1 proposed 2 summed 3 opposed 4 neglected

262

Brazil's soccer coach has so many star players at his ( ) that he cannot imagine losing a match.

1 dimension 2 dismissal 3 disposal 4 dictation

263

Japanese people use over 75,000,000 pairs of ( ) chopsticks a day.

1 applicable 2 disposable 3 capable 4 predictable

やや難

264

Education experts stress that ( ) is the key to learning. Every effort should be made to see that no student leaves elementary school without being able to read and write.

1 clarity 2 literacy 3 dignity 4 urgency

[解] **3** opposed
[訳] 経営陣の決定に反対した労働者たちは解雇された。

[解説] 1 ~を提案する　2 ~を合計する、~を要約する　3 ~に反対する　4 ~を放置する、(neglect to (V)) V することを怠る
「解雇された」とありますから、それに見合う動詞を選びます。よって3を選びます。oppose ~「~に（積極的に）反対する、反論する」の意味ですが、形容詞のbe opposed to~は「~に（行動は起こさず）反対している」の意味です。(**oppose** ☞503)

[解] **3** disposal
[訳] ブラジルのサッカーのコーチは、とてもたくさんのスター選手を自由に使えるので、試合に負けることを想像できない。

[解説] 1 （問題、状況の）側面、（幅、長さなどの）寸法　2 退けること、解雇　3 処分、処理　4 書き取り、指示
意味をなすのは3だけです。at one's disposal で「~を処分できる位置に」から「~を自由に使えて」の意味です。しばしば have ~ at one's disposal「~を自由に使える」で使います。1を選んで間違えた人が多い問題です。(**disposal** ☞504)

[解] **2** disposable
[訳] 日本人は、1日に7500万膳以上の割り箸を使う。

[解説] 1 適用できる　2 使い捨ての　3 力がある　4 予測できる
dispose of ~「~を処分する」の形容詞形が disposable「処分可能な→使い捨ての」です。[例] a disposable camera「使い捨てカメラ」。なお applicable は apply A to B「AをBに適用する」の形容詞形です。4は predict ~「~を予想する」の形容詞形です。
(**disposal** ☞504)

[解] **2** literacy　　　英検準1級/2006年①
[訳] 教育の専門家たちは、読み書きの能力が学習のカギになると主張している。読み書きをマスターせずに小学校を卒業する生徒が一人として出ないように、絶え間ない努力が不可欠である。

[解説] 1 清澄、澄み渡っていること　2 識字、読み書き能力　3 威厳　4 急を要すること
最後に「読み書きができずに小学校を卒業しない」とありますから2が適切です。literate「識字能力のある」、literacy「識字能力」は、letter「文字」の重要な派生語です。なお computer literacy とは「コンピュータを使いこなす力」という意味です。(**literally** ☞506)

265

Kissing in public is (　) in some Islamic societies.

1 recovered　2 trembled　3 represented　4 prohibited

266

When Jane was suddenly fired, she felt like bursting into tears, but she managed to maintain her (　) until after she left the office.

1 composure　2 irritation　3 assumption　4 compliance

難

267

A recent survey indicates that serious crimes (　) by young adults are increasing.

1 accused　2 committed　3 pursued　4 released

268

A: I heard that Simon is facing (　) for arguing with a company director in yesterday's meeting.
B: Well, I don't think they'll actually fire him for something like that.

1 fright　2 mercy　3 betrayal　4 dismissal

難

[解] **4** prohibited
[訳] 人前でキスすることが禁じられているイスラム社会もある。

[解説] 1 回復する、(失ったものなど)を回復する　2 (恐怖、寒さなどで)震える　3 ~を表す、~を代表する　4 ~を禁じる
文内容から4を選びます。prohibit は、prohibit ~「~を禁止する」あるいは、prohibit + 人 + from ~「人が~するのを(法律や命令で公式に)禁止する」で使います。(**prohibit** ☞ **508**)

[解] **1** composure　　　　　　　　　　　　　英検準1級/2005年③
[訳] ジェーンは突然解雇されたとき泣き叫びたい衝動に駆られたが、なんとか平静を装い職場を後にした。
[解説] 1 落ち着き、平静　2 苛立ち　3 仮定　4 (規則、命令などの)遵守
「泣き出したくなるのを抑えて」だから「平静を保つ」が適切。compose は「全体をまとめる」から「気持ちをまとめて平静になる」という意味があります。composure はその名詞形です。maintain/keep one's composure で「平静を保つ」、lose one's composure で「平静を失う」などで覚えて下さい。およそ30%の人が2を選びました。(**compose** ☞ **509**)

[解] **2** committed
[訳] 最近の調査によると、若者が引き起こす深刻な犯罪が増加している。

[解説] 1 (accuse A of B) BでAを非難する　2 (commit A to B) AをBに送る、(犯罪、自殺など)を犯す　3 ~を追い求める　4 ~を解放する
「若者が~する深刻な犯罪」から2を選びます。commit suicide/a crime「自殺する／犯罪を犯す」は、commit oneself to suicide/a crime「自らを自殺／犯罪に送り込む」から oneself to が省略された形だと理解しておきましょう。(**commit** ☞ **511**)

[解] **4** dismissal　　　　　　　　　　　　　英検準1級/2007年②
[訳] A:「サイモンは昨日の会議で社長と口論になったので、解雇されそうになっていると聞いたんだけど」
　　B:「ううん、実際そんなことで彼が解雇されることはないと思うよ」
[解説] 1 恐怖　2 慈悲　3 (人、国などを)売り渡すこと、裏切り　4 退けること、解雇
Bの発言に「そんなことで解雇されないと思う」とありますから4が適切です。dismissal は dismiss「~を退ける、~を解雇する」の名詞形です。間違えた人の多くが選んだ3は betray の名詞形です。(**dismiss** ☞ **514**)

269

Water is becoming (　) in warm areas of the U.S. such as New Mexico and Arizona.

1 scarce 2 steady 3 strict 4 slight

やや難

270

If you (　) your car properly, you can probably drive it over 300,000 kilometers.

1 create 2 distribute 3 maintain 4 remove

271

The magician (　) the children with various tricks such as pulling a rabbit from his hat.

1 entertained 2 resembled 3 flattered 4 distinguished

272

After a lot of problems she (　) to learn to drive a car.

1 gave up 2 managed 3 put off 4 succeeded

[解] **1** scarce
[訳] ニューメキシコやアリゾナのようなアメリカの暖かい地域では、水が不足してきている。

[解説] 1 乏しい、不足して　2 安定した、変わらない　3 (規則、教師などが)厳しい　4 かすかな

文意が通るのは1だけです。scarceは「(必要な物資などが)欠乏している」の意味です。副詞形のscarcelyは「(= hardly)ほとんど～ない」という意味ですから注意して下さい。間違えた人の約20%が選んだ4は「(数、量が)かすかな」という意味で、後ろに来る名詞はheadache「頭痛」、error「間違い」、idea「考え」などです。(**scarce** ☞516)

[解] **3** maintain
[訳] 適切に車を手入れしておけば、おそらく30万キロ以上走行できるだろう。

[解説] 1 ～を創造する　2 ～を分配する　3 ～を維持する、(maintain that SV)～を主張する　4 ～を取り除く

文意から3が適切です。maintain ～ は、「(ある水準、能力、関係など)を維持する」で幅広く使える単語です。maintainはその名詞形maintenance「維持、メインテナンス」が日本語になっています。(**maintain** ☞517)

[解] **1** entertained　　　　　　　　　　　　　　　　　英検2級/2006年③
[訳] そのマジシャンは、帽子からウサギを取り出したりするなどの手品で子どもたちを楽しませた。

[解説] 1 ～を楽しませる　2 ～に似ている　3 ～をおだてる　4 ～を区別する

「マジシャンが手品で子どもを～」とあるので1が適切。entertain A with/by Bで「BでAを楽しませる」の意味です。[例] Our grandfather entertained us with stories.「おじいちゃんは私たちにお話をして楽しませてくれた」。(**entertainment** ☞518)

[解] **2** managed　　　　　　　　　　　　　　　　　　センター試験
[訳] 幾多の困難を乗り越え、彼女はなんとか車の運転を習得した。

[解説] 1 (give up (V)ing)～することをあきらめる　2 ～を操る、(manage to (V)) Vを何とかやり遂げる　3 (put off (V)ing)～を延期する　4 (succeed in ～)～に成功する、(succeed (to)～)～の後を継ぐ

to (V)と結びつくのは2しかありません。manage to (V)は「(困難、無理なこと)を(苦労して)何とかやり遂げる」の意味です。(**manage** ☞523)

273

The rules at the school were so ( ) that when students were even a minute late for class, they were given extra homework.

1 dull 2 stale 3 rigid 4 numb

やや難

274

I have an important announcement to make and ( ) you all to listen.

1 compel 2 deplore 3 condemn 4 urge

難

275

None of this work is ( ), so we can do it next week.

1 patient 2 urgent 3 extreme 4 stable

276

The professor ( ) a look of concern on his student's face, so he asked her what was wrong. She said that her father had just been taken ill.

1 proposed 2 exposed 3 disclosed 4 detected

やや難

[解] **3** rigid 英検準1級／2006年③

[訳] その学校の校則はとても厳しいものだったので、生徒が授業に1分遅刻しただけで追加の宿題が出された。

[解説] 1 退屈な　2 （食物が）新鮮でない　3 硬直した、柔軟性に欠ける　4 麻痺した、しびれた

主語が「規則」なので3以外にはありません。「（規則が）厳しい」は strict ですが、rigid は「柔軟性・融通性に欠ける」の意味です。間違えた人の多くが選んだ2は「（食べ物などの）鮮度が落ちた」「（ビールが）気の抜けた」などで使います。（**flexible** ☞参考526）

[解] **4** urge

[訳] 重要な発表がありますので、皆さん聞いて下さい。

[解説] 1 （compel O to (V)) O に V することを強制する　2 ～を遺憾に思う　3 ～を非難する、(condemn O to (V)) O に V するよう宣告する　4 (urge O to (V)) O に V するよう強く言う

SVO to (V) を取るのは1か3か4です。人に注意を促す場合は4が適切です。urge は名詞の「衝動」の意味も重要です。[例] control one's urge to shoplift「万引きしたくなる衝動を抑える」。（**urge** ☞534）

[解] **2** urgent

[訳] この仕事には急を要するものはないので、来週やればよい。

[解説] 1 忍耐強い　2 急を要する　3 極端な　4 安定した

意味をなすのは2だけです。urgent は、urgent business で「急を要する仕事、用件」や、in urgent need of ～「～を緊急に必要としている」、How urgent is this job?「この仕事はどれくらい緊急を要するのですか」で覚えておきましょう。（**urge** ☞534）

[解] **4** detected 英検準1級／2007年①

[訳] その教授は生徒が心配そうな顔つきをしていると感じたので、何か困ったことでもあるのか尋ねてみた。彼女が言うには、父親が病気になったらしい。

[解説] 1 ～を提案する　2 (expose A to B) A を B にさらす　3 ～を暴露する　4 ～を検知する、～を見破る

文脈から4が適切。detect は「（血痕やかすかな臭いなど発見しにくいもの）に気がつく、検知する」の意味。同系語の a detective は「探偵、刑事」の意味です。間違えた人の多くが選んだ3は、「（秘密、情報、身元など）を明かす」の意味です。（**detect** ☞535）

277

The politician ( ) voters that if they elected him to office, he would not raise taxes.

1 assessed 2 endorsed 3 reassured 4 accused

難

278

Recent cost cuts helped the company ( ) cash reserves in the first two quarters of the financial year.

1 formulate 2 escalate 3 accumulate 4 simulate

やや難

279

After the car hit the boy, he ( ) unconscious for two days.

1 remained 2 remembered 3 removed 4 rescued

280

Robert felt quite ( ) by the generosity of his wife's parents when they bought him a flat-screen TV for his birthday.

1 overwhelmed 2 underdressed 3 overlapped 4 underspent

やや難

[解] **3** reassured 英検準1級/2006年②
[訳] その政治家は、もし再選されたら増税はしないと言って有権者たちを安心させた。

[解説] 1 ~を評価する、~を査定する　2 (提案、計画、決定など)を支持する　3 ~を安心させる　4 (accuse A of B) B で A を非難する
SVO that S'V' の形が可能なのは3しかありません。間違った人の多くは4を選びました。reassure は、sure「確かな」からできた単語です。(**reassure** ☞538)

[解] **3** accumulate 英検準1級/2005年③
[訳] 最近、経費を削減したおかげで、その会社は会計年度の上半期で利益が増えた。

[解説] 1 (考え、学説、服装規定など)を練り上げる、をまとめる　2 (戦い、暴動など)を(段階的に)拡大する、(escalate into ~で)(争い、暴動などが)~に発展する　3 ~を蓄積する　4 ~のシミュレーションをする、~を装う
目的語のcash reserve「現金の蓄え」に対応する動詞は3だけです。accumulate は「(長期にわたり)~を蓄積する」あるいは「(物などが)積もる、蓄積する」で使います。(**accumulate** ☞539)

[解] **1** remained センター試験
[訳] その男の子は車にはねられた後、2日間意識不明だった。

[解説] 1 残る、~のままである　2 ~を覚えている　3 ~を取り除く　4 ~を救助する
unconscious「無意識の」は conscious「意識している」の反意語です。これが形容詞だとわかれば、選択肢の中で後ろに形容詞を取ることができるのは1だけですから答えは決まります。S + remain + 形容詞で「S は~のままである」。(**conscious** ☞参考544)

[解] **1** overwhelmed 英検準1級/2006年③
[訳] ロバートの妻の両親はロバートの誕生日に大画面テレビを買ってくれた。その時、ロバートはその気前のよさに大変感激した。

[解説] 1 ~を圧倒する　2 (盛装すべき状況で)略式の服装をする　3 ~と重なり合う　4 ~に金をあまりかけない
人 + feel の後に続く動詞は1しかありません。feel overwhelmed で「圧倒されて言葉さえ出ない」という感じです。(**overwhelm** ☞548)

281

Those mountains and rivers form impressive (　). Anyone who see it will never forget its grandeur.

1 view　2 scenery　3 scene　4 landscape

282

The (　) from the top of Everest on a clear day must be amazing.

1 height　2 result　3 skill　4 view

283

According to recent (　) on Internet usage, 40% of all users aged 20-30 now spend an average of two hours a day online.

1 auditions　2 exemptions　3 narratives　4 statistics

284

Our new manager introduced so many ideas at the meeting. Nobody could (　) them all.

1 digest　2 disturb　3 contend　4 concentrate

やや難

[解] **2** scenery
[訳] その山々や川が折りなす景色は感動的で、それを見るものは誰もがその壮大さを忘れない。

[解説] 1（特定の場所からの）眺め　2（自然の美しい）景色　3（劇、小説などの）場面、状況　4（一目で見渡せる陸地の）景色
空所の前には冠詞がありませんから、空所には不可算名詞が入ります。よって可算名詞の1、3、4が消え、2が正解だとわかります。machinary, photography などの -y で終わる名詞は不加算名詞であることが多いです。（**scenery** ☛549）

[解] **4** view
[訳] 晴れた日のエベレスト山の頂上からの眺めは見事であるにちがいない。

[解説] 1 高さ　2 結果　3 熟練、技術　4（モノの）見方、視野、景色
文脈から4が適切。a view は普通「物事の見方」という意味で使いますが、「ある特定な風景、景色」の意味でも使います。have a ~ view of A (from B)で「(Bから) Aの~な景色が見える」で覚えておいて下さい。（**view** ☛550）

[解] **4** statistics　　　　　　　　　　　　　　　英検準1級/2007年①
[訳] インターネットの使用に関する最近の統計によると、20歳から30歳の利用者の40%が1日平均2時間インターネットを使用している。

[解説] 1 オーディション　2（徴兵、税金などの）免除　3 物語、話術　4 統計
後半の記述から4が適切。statistics は、according to ~や、~ show の形で用いる時には無冠詞で用いるのが普通です。なお collect/gather/assemble statistics で「統計を取る」という意味です。（**statistics** ☛551）

[解] **1** digest
[訳] 私たちの今度の部長は会議でとてもたくさんの意見を紹介した。それらをすべて理解できたものはいなかった。

[解説] 1（食物、情報、本の内容など）を消化する、~を理解する　2 ~を邪魔する、（平和、静けさなど）を乱す　3 争う　4（concentrate on ~）~に集中する
「多くの意見を紹介しすぎた」ということは「消化できなかった」が適切で1が正解。（**digest** ☛552）

285

A: You shouldn't believe everything Adam says. He often ( ) his stories to make them more interesting.
B: I'll keep that in mind.

1 protests   2 occupies   3 exaggerates   4 postpones

286

You have a lot of ( ) for baseball. With that kind of passion, you could become a great baseball player someday.

1 effort   2 enthusiasm   3 quality   4 excellence

287

I can afford the new tax, but I refuse to pay it, as a matter of ( ).

1 contrast   2 invention   3 principle   4 suspicion

288

The risk involved was greater than the ( ) gain.

1 committed   2 internal   3 potential   4 satisfied

[解] **3** exaggerates　　　　　　　　　　　　　英検2級/2006年②

[訳] A:「アダムが言うことのすべてを鵜呑みにしてはいけないよ。彼はよく話を面白くするために、大げさに言うからね」
　　B:「覚えておくよ」

[解説]　1 ~に抗議する　2 (時間、空間など)を占める　3 ~を誇張する　4 ~を延期する

「言ったことを鵜呑みにするな」ということは、「話を誇張している」が適切で3が正解です。exaggerate は、自動詞として「誇張する」でも使います。(**exaggerate** ☛553)

[解] **2** enthusiasm

[訳] あなたは野球に夢中ですね。それぐらいの情熱があれば、いつかすばらしい野球選手になれるかもしれませんよ。

[解説]　1 努力　2 情熱　3 質　4 優秀さ

後半の「そのような情熱があれば」から2だとわかります。enthusiasm for ~で「~に傾ける情熱」の意味です。また show/express enthusiasm「情熱を示す」も重要です。間違えた人の大半は1を選んでしまいました。make an effort to (V) ~「~するよう努力する」で暗記して下さい。(**enthusiasm** ☛556)

[解] **3** principle

[訳] 新しく導入された税金を支払うことはできるが、自分の信念から支払うことを拒否する。

[解説]　1 対照　2 発明、発明品　3 原理、信念　4 疑い

文意が通るのは3しかありません。principle は「原理、信念、信条」などの「一本筋の通ったもの」を表す単語です。principal「校長」とは区別が必要です。間違えた人の多くは4にしました。[例] be under suspicion of receiving a bribe「収賄の嫌疑をかけられている」。(**principal** ☛参考560)

[解] **3** potential

[訳] 伴うリスクは、得られる可能性のある利益よりずっと大きかった。

[解説]　1 (commit A to B) A を B に送る、(犯罪、自殺など)を犯す　2 内部の　3 将来~になるかもしれない　4 満足した

文意が通るのは3しかありません。potential +~で、「将来~になる可能性のあるもの」の意味です。本文の the potential gain とは「将来得られるかもしれない利益」という意味です。間違えた人の大半が選んだ2は、internal organs「内臓」、internal affairs「国内情勢」などで使います。(**potential** ☛566)

289

Students were taken on a camping trip to (　　) better understanding and respect between them.

1　insert　2　grasp　3　foster　4　enroll

やや難

290

The clerk was (　) to a better position after working hard for twenty years.

1　compared　2　developed　3　engaged　4　promoted

やや難

291

That man is violent and dangerous. He should be kept in (　).

1　isolation　2　moderation　3　prevention　4　interruption

292

The teacher asked the class to (　) their final reports by the end of the week so that she could grade them before the winter vacation.

1　acquire　2　assert　3　submit　4　estimate

[解] 3 foster

[訳] 生徒たちは、互いにより理解を深め、互いに認め合えるようにキャンプ旅行に連れて行かれた。

[解説] 1 ~を差し込む、~を挿入する 2 ~をつかむ、~を理解する 3 ~を促進する 4 登録する

「相互の理解と尊敬」が目的語ですから3が適切です。fosterは「(競争、協力、文化、考えなど)を促進する」の意味です。また、形容詞も同形で a foster parent「(他人の子どもの成長を促す親)里親」も重要です。4のenrollは、たとえば、You have to enroll in this course by next Friday.「次の金曜日までにこの講座の登録手続きを済ませて下さい」などで使います。2にしてしまった人が多い問題です。(**foster** ☞568)

[解] 4 promoted

[訳] その事務員は、20年間勤め上げた後、待遇をよくしてもらった。

[解説] 1 (compare A with B) AをBと比べる、~を比較する 2 ~を発達させる 3 ~をつかんで放さない、(engage in ~)~に従事する 4 ~を促進する、(be promoted)出世する

空所の後ろに「よりよい地位に」とありますから4が適切です。be promoted to ~で「~に出世する」という意味です。get a promotion でも「出世する」という意味です。なお、反意語では get demoted で「降格する」です。(**promote** ☞570)

[解] 1 isolation

[訳] その男は暴力的で危険だ。彼を隔離しておくべきだ。

[解説] 1 孤立 2 節度、温和 3 予防 4 中断

文意をなすのは1しかありません。keep ~ in isolation で「~を隔離しておく」の意味です。動詞形の isolate A from B「AをBから孤立させる」も重要です。[例] a country which is isolated from the rest of the world「世界から孤立している国」。(**isolate** ☞575)

[解] 3 submit 英検2級/2006年②

[訳] 冬休み前に成績をつけられるよう、週末までにレポートの完成版を提出しなさい、と先生は授業で言った。

[解説] 1 ~を身につける 2 ~と断定する 3 ~を提出する 4 ~と推定する

目的語の「レポート」より3が適切。自動詞の submit to ~ は、目的語の oneself が脱落した形で「自らを~に提出する」から「~に屈する」の意味です。(**submit** ☞576)

293

"Our factories currently produce more CO_2 than any other country," said the environment minister. "We must do something to reduce these (   )."

1 emissions 2 refinements 3 subordinates 4 inclusions

やや難

294

I cannot stand the smell of smoke; I think smoking is (   ).

1 conflicting 2 desirable 3 disgusting 4 harmless

やや難

295

After years of competing against one another, the two golfers have developed a deep feeling of (   ) respect. Neither of them underestimates the ability of the other.

1 majestic 2 variable 3 neutral 4 mutual

296

A: Why did you move into the city center from the suburbs? The rent must be so much more expensive.
B: True, but I save a lot of time and money on the (   ). My office is now just two stops away on the train.

1 commute 2 trail 3 mission 4 errand

やや難

[解] **1** emissions　　　　　　　　　　　　　　　　　　英検準1級／2007年②
[訳] 環境大臣は次のように述べた。「我が国の工場では現在他のどの国よりも多くの二酸化炭素を排出しています。この排出量を減らすために、我々は何か手段を講じなければなりません」
[解説]　1 排出、放出　2 改良、洗練　3 部下　4 包括、含むこと
「二酸化炭素の〜」に当てはまるのは1だけです。CO_2 emissions「二酸化炭素の排出」も一緒に覚えておいて下さい。なお動詞のemit 〜 は「(液体、光、熱など)を発する」という意味です。3はsub-【下】+ -ordinate【(= order)秩序】からできました。(**emit** ☞577)

[解] **3** disgusting
[訳] タバコの臭いには耐えられない。タバコは最悪だと思う。

[解説]　1 対立している　2 望ましい　3 むかむかさせる(ような)　4 害がない
前半で「タバコは耐えられない」と書いてありますから3が適切です。disgustingは「本当に嫌で嫌で仕方ない」というイメージの形容詞です。unpleasanで「不快な」を10倍ぐらいにしたイメージです。4がワナ。(**disgust** ☞578)

[解] **4** mutual　　　　　　　　　　　　　　　　　　　英検準1級／2006年①
[訳] 2人のゴルファーは、何年もの間切磋琢磨を続け、お互いに深い敬意の念を育んできた。両者とも相手の力を侮ることはけっしてない。

[解説]　1 (建物、自然の景色、表現など)荘厳な、威厳のある　2 変わりやすい、変えられる　3 中立の　4 相互の
後半の「両者とも相手の力を侮ることはけっしてない」から「相互の尊重」と考えるのが適切で4が正解。(**mutual** ☞579)

[解] **1** commute　　　　　　　　　　　　　　　　　　英検準1級／2007年②
[訳] A:「なぜ郊外から都会の真ん中へ引っ越したの？ 家賃が考えられないくらい高いでしょう」
B:「ええ。でも通勤にかかる時間とお金を節約できるでしょう。今なら会社は電車でたった2駅なの」
[解説]　1 通勤　2 跡、爪痕　3 使命、使節(団)　4 使い
「郊外から都会に引っ越せば」に対して「通勤にかかる費用を節約できる」から1が適切です。commuteは普通は動詞で使い、口語では名詞としても使えます。(**mutual** ☞参考579)

297

Eating a ( ) breakfast and a smaller lunch and dinner is best for our health.

1 scanty 2 vigorous 3 vivid 4 substantial

298

When I ordered the encyclopedia, I did not realize that it was in fifty ( )!

1 volumes 2 entries 3 contents 4 issues

299

Learning new English vocabulary ( ) more than just learning the meaning of words.

1 interacts 2 observes 3 mentions 4 involves

300

With Muslims, Christians and Hindus all living there, Kuala Lumpur is one of the most religiously ( ) cities on earth.

1 diverse 2 coherent 3 uniform 4 crucial

[解] **4** substantial
[訳] 朝食をたっぷり食べ、昼食と夕食を少なめにするのが、健康にもっともよい。
[解説] 1（聴衆、食料、証拠などが）乏しい、（服が）肌を露出させた　2 元気はつらつとした　3 鮮明な　4 かなりの
「昼と夜のご飯は少なく」から「朝は多い」とわかります。substantial は、「（数量が）かなりの」の意味です。間違った人の多くは2にしています。[例] a vigorous election campaign「精力的な選挙運動」、a vigorous physical activity「激しい活動」。（**substantial** ☞ 581）

[解] **1** volumes
[訳] 私は、その百科事典を注文した時、全50巻であることを知らなかった。

[解説] 1（a volume で全集の）1巻、書物　2（百科事典などの）項目、入ること、加入　3 内容、目次　4（社会的）問題、（雑誌などの）号、（切手などの）発行
an encyclopedia「百科事典」ですから、1が適切です。3は the contents of the can「その缶詰の中身」、the table of contents「（本の）目次」などで使います。4は the latest issue of *Time*「『タイム』の最新号」などで使います。（**volume** ☞ 583）

[解] **4** involves　　　　　　　　　　　　　　　　　　センター試験
[訳] 新しい英語の語彙を増やせば、単に言葉の意味を知る以上のものを得ることができる。
[解説] 1（interact with ~）~と交流する　2 ~を観察する、~を遵守する　3 ~について言及する　4 ~を巻き込む、~を伴う
1は自動詞で不可、2、3は「人」を主語にする動詞です。以上から4が正解になります。A involve B は「A には B が必要だ」という意味で使われます。間違えた人の多くは1を選んでいます。（**involve** ☞ 584）

[解] **1** diverse
[訳] クアラルンプールには、イスラム教徒、キリスト教徒、ヒンドゥー教徒が一緒に暮らしており、そこは、地球上で宗教的に最も多様な都市の1つだ。

[解説] 1 多様な　2 論旨が一貫している　3 均一の　4（極めて）重大な
「イスラム教徒、キリスト教徒、ヒンドゥー教徒が皆暮らしており」から「宗教的に多様な」と考え1を選びます。diverse の名詞形 diversity「多様性」も一緒に覚えておいて下さい。2は a coherent explanation「つじつまの合う説明」などで使います。（**diverse** ☞ 586）

301

The hijackers forced the plane to ( ) to Cairo.

1 divert 2 invert 3 reflect 4 detect

やや難

302

Tobacco companies can no longer ( ) their products on television in this country.

1 advertise 2 pronounce 3 forgive 4 consult

303

Japanese people are expected to ( ) to rules and customs far more than Europeans are.

1 refer 2 bind 3 concede 4 conform

難

304

Rob could not ( ) Sarah to marry him, even with his money and good looks.

1 describe 2 ignore 3 promote 4 convince

やや難

[解] **1** divert
[訳] ハイジャック犯らは、その飛行機をカイロへ進路変更するよう強制した。

[解説] 1 （注意、批判、進路など）をそらす、（乗り物、人が）進路を変える　2 （コップ、図形など）をひっくり返す　3 ～を反射する、(reflect on ～)～を熟考する　4 ～を検知する、～を見破る
自動詞でかつ文脈に適切な語は1しかありません。divert attention「注意をそらす」、divert criticism「批判をそらす」もついでに覚えておいて下さい。(**diverse** ☛参考586)

[解] **1** advertise
[訳] この国ではタバコ会社は、もはやテレビで製品の宣伝をすることができない。
[解説] 1 ～の宣伝をする　2 ～を発音する、(pronounce O (to be) C) O を C と宣言する　3 ～を容赦する　4 ～に相談する
内容から1が適切です。advertise の名詞形は advertisement で、短縮形は ad です。なお自動詞としての用法もあります。［例］advertise on the Internet「インターネットに広告を出す」。(**advertise** ☛588)

[解] **4** conform
[訳] 日本人は、ヨーロッパ人よりもはるかに、規則と習慣に従うと思われている。
[解説] 1 (refer to ～)～について言及する、～を示す　2 ～を縛る　3 （しぶしぶ）～を認める　4 (conform to ～)～に従う
空所の後の to rules and customs から1か4に絞られ、内容から4だとわかります。conform to ～は「（習慣、規則、考えなど）に従う」の意味です。「（上司、教師）に従う」という場合はobey ～を使います。意味を考えずに1にした人が20％を超えています。(**conform** ☛592)

[解] **4** convince
[訳] ロブは、お金がありルックスもいいのだが、結婚してくれるようサラを説得することはできなかった。
[解説] 1 ～がどのようなものか説明する　2 ～を無視する　3 ～を促進する　4 (convince 人 to (V)) 人を説得して～させる
内容から4が正解です。convince は、convince 人 of ～ / that SV「人に～／ SV を確信させる」、be convinced of ～ / that SV「～／ SV を確信している」の形が大切です。convince 人 to (V) の形は主に米語ですが、これも覚えておいて下さい。間違えた人の多くは3を選びました。promote は、SVO to (V)「O に V を促進する」の形は取りません。(**convince** ☛594)

A ( ) is someone who has been hurt or killed in an accident or during a crime.

305

1 patient   2 rival   3 surgeon   4 victim

やや難

Studying until two in the morning does not ( ) sleeping in class the following day.

306

1 create   2 derive   3 justify   4 require

やや難

It is said that his greatest song, *Peking at You*, was ( ) by a trip to China.

307

1 embraced   2 inspired   3 instructed   4 proposed

やや難

Polly used to be a secretary in a hospital, and she had fascinating ( ) into the private lives of doctors.

308

1 visions   2 insights   3 information   4 illusions

やや難

[解] **4** victim　　　　　　　　　　　　　　　　　　　　　センター試験
[訳]「犠牲者」とは、事故や犯罪に巻き込まれて怪我をしたり命を落としたりする人のことである。

[解説]　1 患者　2 ライバル　3 外科医　4 犠牲者、被害者
has been hurt だけなら1も可能ですが、その後の記述から4だとわかります。a victim of ～「～の犠牲者」、fall victim to ～「～の犠牲となる」もついでに暗記しておきましょう。(**victim** ☞595)

[解] **3** justify
[訳] 朝の2時まで勉強したことが、次の日授業で寝てしまうことの正当化にはならない。

[解説]　1 ～を創造する　2 (derive A from B) B から A を引き出す　3 ～を正当化する　4 (A require B) A には B が必要だ
文意に合うのは3だけです。The end justifies the means.「目的は手段を正当化する」は有名な成句です。(**justify** ☞599)

[解] **2** inspired
[訳] 彼の名曲『北京で君に』は、彼が中国へ旅行していた時に創作意欲をかきたてられて完成した曲らしい。

[解説]　1 ～を抱擁する、～を受け入れる　2 ～を奮い立たせる　3 ～に教える、～を指示する　4 ～を提案する
inspire は inspire + 人 + to (V)「人に～するよう奮い立たせる」でも使いますが、A inspire B で「A が B を誘発する」という形でも使います。3がワナ。(**inspire** ☞601)

[解] **2** insights
[訳] ポリーは、かつて病院で秘書をしていて、医者たちの私的な生活を驚くほど深く理解していた。
[解説]　1 視野、未来像　2 深く理解していること　3 情報　4 錯覚、幻想
空所の後の into と結びつく名詞は2しかありません。insight は「見識、洞察力」などの訳も可能ですが、基本的な意味は「深く理解していること」です。間違えた人の多くは1を選びました。[例] have good visions「視力がよい」、have a vision of buying a nice car「素敵な車を買うことを思い描いている」。(**insight** ☞602)

309

Before the exam I (　) my memory by reading some old notes.

1 recovered 2 refreshed 3 reminded 4 repaired

やや難

310

In many developing countries, nearly three quarters of the people do not have (　) to safe drinking water.

1 action 2 achievement 3 approach 4 access

やや難

311

These days, it's (　) impossible for consumers to tell the difference between genuine brand-name goods and imported fakes as they look so similar.

1 nominally 2 incidentally 3 virtually 4 alternately

やや難

312

We could meet downtown. (　)?

1 Are you convenient   2 Is it convenient of you
3 Will that be convenient for you 4 Will you be convenient

難

[解] **2** refreshed 　　　　　　　　　　　　　　　　　　　　　センター試験
[訳] 試験前に昔のノートを読んで記憶を蘇らせた。

[解説] 1 回復する、(失ったものなど)を回復する　2 ～の気分を爽やかにする、(記憶など)を鮮明にする　3 (remind 人 of / about ～) 人に～を思い出させる　4 (老朽化、破損したもの)を修理する
文意に合うのは2です。refresh は「～を爽快な気分にさせる」から「(記憶)を鮮明にする、(知識、技術)を最新のものにする」という意味で使われます。この問題は、残りの3つの選択肢を消去することで正解が得られます。1がワナです。(**refreshing ☛ p.222の No.49**)

[解] **4** access
[訳] 多くの途上国では、4分の3近くの人が安全な飲料水を手に入れることができないでいる。

[解説]　1 行動、活動　2 達成、業績、達成すること　3 取り組み方　4 接近(方法)
冠詞のつかない have ～ to A の形で使うのは4だけです。have access to ～で「～に接近する(会う、利用する)ことができる」の意味です。なお、approach は、an approach to ～で「～への取り組み方、～に近いこと」で使います。(**access ☛ p.222の No.3**)

[解] **3** virtually 　　　　　　　　　　　　　　　　　　　英検準1級/2005年③
[訳] 近頃、本物のブランド品と偽の輸入品がとても似ているので、消費者が見分けるのは事実上不可能になっている。

[解説]　1 名目上は　2 付随的に、ついでに言えば　3 事実上　4 交互に
impossible を修飾するのに適した副詞は3だけです。virtually で almost の意味で使います。なお、1の nominally は、name「名前」と同系語で、nominally「名ばかりで、しるしばかりに」の意味で使います。2にした人が25%弱いました。(**virtually ☛ p.222の No.21**)

[解] **3** Will that be convenient for you 　　　　　　　　　センター試験
[訳] 街で会いましょうよ。ご都合はいかがですか?

[解説]　S is convenient for/to 人. で「Sが人に都合がよい」の意味になります。なお We could ～は、人に何かを提案する時の慣用句です。2にした人が40%を超えた問題です。なお、日本語の「都合がよい」は、しばしば useful を使います。[例] This dictionary is useful for checking word usage.「この辞書は語法をチェックするのに都合がよい」。
(**convenient ☛ p.222 の No.41**)

STAGE-4

不正解だからって気にしないで。
解説を徹底的に頭にたたき込んでいこう！

次の英文の（ ）に入れるのにもっとも適当なものを、
それぞれ、1、2、3、4の中からひとつ選びなさい。

313

Jane is such a strong ( ) of animals' rights that she went into a pet shop and released all of the birds.

1 advocate 2 hypocrite 3 monarch 4 applicant

やや難

314

Even though many economists ( ) an increase in the minimum wage, the government continues to argue that higher wages would cost jobs.

1 prohibit 2 eliminate 3 advocate 4 despise

やや難

315

Kenji was ( ) so often by Tomo that one day he refused to go to school and locked himself in his room.

1 absorbed 2 exerted 3 evoked 4 provoked

316

The pay ( ) in the company led to a three-day strike.

1 wreck 2 contempt 3 dispute 4 calamity

やや難

[解] **1** advocate
[訳] ジェーンは動物の権利の擁護に関してとてもうるさい人なので、ある時はペットショップに入り、すべての鳥を鳥かごから逃がしてやった。
[解説] 1 提唱者、支持者　2 偽善者　3 専制君主　4 志願者
後の「動物の権利」に結びつく名詞は1だけです。an advocate of ~で「~を提唱する人、~を支持する人」の意味です。動詞も同形で advocate ~で「~を提唱、主張、擁護する」という意味です。[例] advocate doctor-assisted suicide「医者の自殺幇助を擁護する」。(**advocate** ☞611)

[解] **3** advocate　　　　　　　　　　英検準1級/2005年③
[訳] 多くの経済学者が最低賃金を上げるべきだと強く訴えているのだが、政府は賃金を上げることによって仕事が減ると主張し続けている。

[解説] 1 ~を禁じる　2 (有害、余計なもの)を排除する、(競技などで)~をふるい落とす　3 ~すべきだと公の場ではっきり言う、~を提唱する　4 ~を蔑む
間違えた人の多くが選んだのは2です。文脈から3が適切です。advocate は動詞と名詞では発音が異なります。(**advocate** ☞611)

[解] **4** provoked
[訳] トモがケンジを怒らせることがとても多かったので、ある日、ケンジは学校に行くことを拒み、自分の部屋に閉じこもった。
[解説] 1 (be absorbed in ~)~に熱中している　2 (権利など)を行使する　3 (感情、記憶、笑いなど)を呼びさます　4 (言葉、態度で故意に)を怒らせる、(人の反応など)を引き起こす
後半の記述から4が適切です。provoke ~は、「(人)をわざと怒らせる」が基本的な意味ですが、provoke controversy/a debate「大論争／論争を引き起こす」などでも使います。evoke は、e- = ex- 【外へ】、voke- 【声】から「外へ出てくるように言う」が原義です。provokeと同系語ですが使う場面が違います。(**provoke** ☞612)

[解] **3** dispute
[訳] その会社の賃金闘争は、3日間にわたるストライキを引き起こした。

[解説] 1 難破船、破損車　2 軽蔑　3 論争、紛争　4 大災害、災難
後半の「3日間にわたるストライキを引き起こした」から3が適切です。なお、dispute は動詞も同形です。[例] disputed areas「紛争地域」。間違えた人の多くは2を選んでいます。contempt は動詞の意味はなく、名詞で「軽蔑」です。have contempt for ~で「~を軽蔑している」という意味です。(**dispute** ☞615)

STAGE-4

317

Hasta had never heard of Shakespeare or Dickens. (　) such as this suggests he had a very poor education.

1 Awareness　2 Avoidance　3 Tolerance　4 Ignorance

318

The doctor's (　) of a chest infection was totally wrong, and the patient died of a heart attack the next day.

1 autopsy　2 diagnosis　3 confession　4 constraint

やや難

319

The politician (　) the government's decision to reduce spending on education. "This administration clearly doesn't care about our children," he said.

1 advanced　2 condemned　3 inflicted　4 upheld

やや難

320

Mary has all of the (　) of influenza: a sore throat, aching muscles, and a fever. She should see a doctor.

1 profits　2 emotions　3 symptoms　4 contents

[解] **4** Ignorance
[訳] ハスタはシェイクスピアやディケンズのことを聞いたことがなかった。このような無知は、彼がかなり低レベルの教育を受けたことを示唆している。

[解説] 1 知っていること、気づいていること　2 回避、避けること　3 寛容　4 無知、無学
前半の記述「シェイクスピアやディケンズのことを聞いたことがなかった」から「無知」とするのが適切で、答えは4。ignorance は、ignorant of ～「～を知らない」の名詞形です。なお Charles Dickens は英国の19世紀の小説家です。（**ignorant** ☜619）

[解] **2** diagnosis
[訳] 胸部の感染という医者の診断はまったくの間違いで、その患者は次の日、心臓発作で亡くなった。

[解説] 1 検死　2 診察、診断　3 白状、告白　4 制限すること、抑制
「胸部の感染という医者の～はまったくの間違い」ということから2が正解です。1の autopsy は、aut-【自分で】+ -opsy【検査】から「検死」の意味になりました。carry out an autopsy on A で「A を検死する」の意味です。3がワナです。（**diagnosis** ☜620）

[解] **2** condemned　　　　　　　　　　　　　　英検準1級/2007年③
[訳] その政治家は政府の教育費削減の決定を非難し、「この内閣が子どもたちのことを気にかけていないのは明白だ」と言った。

[解説] 1 ～を進める　2 ～を非難する　3（損害など）を与える　4（周りから疑問視されているもの）を支持する
第2文の内容に合致するのは2しかありません。condemn ～は「～を承認することは断じてできないと表明する」という意味での「～を非難する」です。（**condemn** ☜621）

[解] **3** symptoms　　　　　　　　　　　　　　英検2級/2005年③
[訳] メアリーは、のどがひりひりしたり、筋肉が痛かったり、熱が出たりするなど、インフルエンザの症状がすべて当てはまる。医者に見てもらうべきだ。

[解説] 1 利益　2 感情　3 症状　4 内容、目次
後半の記述から3が適切です。the symptoms of ～で「～の症状」です。alleviate the symptoms of ～で「～の症状を緩和する」、develop hay-fever symptoms「花粉症の症状が表われる」です。（**symptom** ☜624）

321

The CEO said she was grateful to Steven because he was ( ) in ending the strike that was putting the company's future at risk.

1 insincere   2 inconsistent   3 instrumental   4 inaudible

322

There was a kidnapping here three years ago, and the police are still ( ) it.

1 acknowledging   2 emphasizing   3 investigating   4 manifesting

323

The magician called Marvo simply kissed the rabbit and it ( )! Where did it go?

1 discovered   2 vanished   3 purchased   4 pretended

324

The politician's replies to the reporters' questions were so ( ) that many people were not sure what he meant.

1 vague   2 capable   3 faithful   4 stable

[解] 3 instrumental 英検準1級/2007年③
[訳] 最高経営責任者は、スティーブンが会社の将来を危うくする恐れのあったストライキを終結させることに尽力したことを感謝していると述べた。
[解説] 1 不誠実な　2 矛盾した　3 役立つ　4 聞こえない
文意が通じるのは3のみです。instrumental は普通「楽器の、器械の」の意味ですが、be instrumental in (V)ing で「~に役立つ、~に尽力する」の意味です。名詞形の instrument は「道具(=役立つもの)」の意味です。50%以上の人が2を選んでいます。[例] an inconsistent policy「首尾一貫しない政策」。(**instrument** ☞628)

[解] 3 investigating
[訳] 3年前、ここで誘拐があり、警察はまだそれを捜査している。
[解説] 1 ~を認める　2 ~を強調する　3 ~を調査する　4 ~を明らかにする
文意が通るのは3しかありません。investigate は、「(警察や研究チームが真相解明のため大がかりに)~を調査する」という意味です。なお、4の manifest は、manifest the truth「真理を明らかにする」、manifest a negative attitude「否定的な態度を明らかにする」、manifest oneself「自らを明らかにする」→「明らかになる」などで用います。(**investigation** ☞630)

[解] 2 vanished
[訳] マルヴォというマジシャンが単にうさぎにキスしただけで、うさぎが消えた。どこへ行ったのだ?
[解説] 1 ~を発見する　2 消える　3 ~を購入する　4 (pretend to (V) / that SV)~のふりをする
自動詞として使えるのは2しかありません。vanish は「(かき消すように完全に突然)消える」の意味です。vanish into ~「~の中に消える」も重要です。(**vanish** ☞631)

[解] 1 vague 英検2級/2008年①
[訳] レポーターの質問に対するその政治家の返事はとても曖昧で、多くの人々は政治家の意図がわからなかった。
[解説] 1 曖昧な　2 有能な　3 (人、思想、組織などに)忠実な　4 安定した
that 以下の内容から1が適切。vague は「(言葉、意味、考えが)曖昧な、漠然とした」、「(形、色が)ぼんやりとした」の意味です。4は in a stable condition「安定した状態で」などで使います。(**vague** ☞634)

325

Gordon is so ( )! Yesterday he fell down the stairs and today he spilled coffee over his computer.

1 clumsy 2 faulty 3 fragile 4 stable

やや難

326

Residents of the apartment building are asked to ( ) tests of their fire alarms once every two months.

1 compare 2 contact 3 conduct 4 compose

327

Ann was looked after so well by her host family that she felt ( ) to buy them a present.

1 obliged 2 gratified 3 impaired 4 restrained

やや難

328

Teachers believe that the rapid decline of math ability in children ( ) the fact that math classes have been cut by 30 percent over the past five years.

1 opts for 2 takes after 3 stems from 4 brushes off

[解] **1** clumsy
[訳] ゴードンはとてもそそっかしい。昨日彼は階段で転び、今日は、自分のコンピュータにコーヒーをこぼした。

[解説] 1 不器用な、そそっかしい　2 欠陥のある　3 壊れやすい　4 安定した
後半の記述からゴードンがそそっかしいことがわかり、1を選びます。2は、fault の形容詞形です。[例] faulty brakes「欠陥ブレーキ」。(**clumsy** ☜635)

[解] **3** conduct　　　　　　　　　　　　　　　英検2級／2007年①
[訳] アパートの住人は2ヵ月に1回火災報知機をチェックすることが求められる。

[解説] 1 (compare A with B で) A を B と比べる、~を比較する　2 ~と連絡を取る　3 ~を行う、~を導く　4 ~を創作する、~を構成する
文脈から3が適切。conduct は、con-【(= together) すべてを】+ -duct【導く】から、「(調査、実験、改革など)を行う」、「(熱、電気など)を伝導する」、「(楽団など)を指揮する」の意味で用います。なお、4は「(音楽、詩など)を創作する」、be composed of ~「~で構成されている」の意味です。(**conductor** ☜638)

[解] **1** obliged
[訳] アンは、ホストファミリーにとてもよく世話をしてもらったので、彼らにプレゼントを買わなければならないと感じた。

[解説] 1 ~を強いる　2 ~を喜ばせる　3 (価値、力、健康など)を低下させる　4 ~を抑制する
文脈から feel obliged to (V) で「(義務として、あるいは何かに報いるため) V しなければならないと感じる」が適切。名詞形の obligation は、個人レベルでは「恩義」、社会レベルでは「責務」という訳語が適切です。3の impair は、im-【中】+ -pair【悪化させる】で、pessimism「悲観」と同系語の単語です。2がワナです。(**obligation** ☜639)

[解] **3** stems from　　　　　　　　　　　　　英検準1級／2008年②
[訳] 子どもたちの数学の能力が急速に低下しているのは、ここ5年の間に数学の授業時間が30%も削減されたことが原因だと先生たちは思っている。

[解説] 1 ~を選ぶ　2 (遺伝的に)~に似ている　3 ~に由来する　4 ~を払いのける
文意から3が正解です。stem は名詞では「(草木の)茎」の意味です。動詞は「茎を下に辿っていく」イメージです。1は短いので、新聞の見出しで好まれる表現です。4は brush (ブラシ) の動詞形です。(**stem from** ☜641)

329 Any ( ) of human rights should be punished by a long prison sentence.

1 violation 2 duration 3 diversion 4 complication

やや難

330 We will never know the exact number of ( ) in the Southeast Asian tsunami.

1 disabilities 2 mortality 3 fatalities 4 calamities

難

331 Under repeated questioning by police, the man ( ) that he had stolen the jewels.

1 released 2 estimated 3 completed 4 confessed

332 The violin teacher ( ) the importance of practicing daily. He told the students that their skills would not improve without regular practice.

1 emphasized 2 accomplished 3 compromised 4 postponed

[解] **1** violation
[訳] あらゆる人間の権利の侵害も、長期間の投獄という刑によって、罰するべきだ。
[解説] 1 違反、犯すこと 2 持続（時間にかかわる） 3 転換（すること）、気晴らし 4 状況を困難にすること、やっかいな問題
文脈から「人権侵害」という意味になる1を選びます。violate は目的語として law「法律」、one's privacy「人のプライバシー」、human rights「人権」などを取ります。なお4は complicated「複雑な」の名詞形です。（**violate** ☜645）

[解] **3** fatalities
[訳] 東南アジアの津波での正確な死亡者数はけっしてわからないだろう。

[解説] 1 能力を欠くこと 2 死亡率、死ぬ運命 3 死亡率、死者数 4 災難
「死者」を表すのは3。the number of ～ fatalities で「～による死亡者の数」の意味です。[例] a 70% increase in the number of traffic fatalities「交通事故による死者数の70%の増加」。mortality が「死者」を表す場合には a heavy/large mortality「大量の死者」の形で使うのが普通です。4にした人が40%近くいます。（**fate** ☜参考646）

[解] **4** confessed　　　　　　　　　　　　　　　　英検2級/2006年①
[訳] 警察に何度も尋問され、その男はついに宝石を盗んだことを白状した。
[解説] 1（苦痛、束縛、任務などから）～を解放する 2 ～と推定する 3 ～を完成する 4 ～を白状する、～を告白する
that 節を取る動詞は2、4だけ。2では意味をなさないので4を選びます。なお、confess one's secret to A（× confess A one's secret）「Aに秘密を打ち明ける」にも注意。2の estimate は、It is estimated that SV.「SVと推定されている」でよく使われます。（**confess** ☜647）

[解] **1** emphasized　　　　　　　　　　　　　　　　英検2級/2007年③
[訳] そのバイオリンの先生は毎日練習することの重要性を力説した。定期的に練習しなければ腕前は上がらないと生徒に言った。
[解説] 1 ～を強調する 2 ～を達成する 3（名誉、信用など）を損なう、妥協する 4 ～延期する
文意から1が適切。emphasize the importance of ～「～の重要性を強調する」というフレーズで覚えておいて下さい。compromise は自動詞では「妥協する」ですが、他動詞では compromise one's ideas/principles/beliefs で「（主義など）を妥協する」→「～をおとしめる」という意味で用います。（**emphasize** ☜648）

333

Many Canadian ice hockey fans believe that the national team's gold medal in the 2002 Winter Olympics was one of the greatest (　) in the nation's sporting history.

1 triumphs　2 captions　3 insights　4 vaults

334

Marsa was fined ¥50,000 for (　) some old furniture on the side of the road.

1 depositing　2 discerning　3 discarding　4 disclosing

やや難

335

Frank could not hide his (　) when he was dropped from the team.

1 disruption　2 dissent　3 dismay　4 disorder

難

336

The first thing he did was to (　) his shoelaces and take his shoes off.

1 unbind　2 unlock　3 unpack　4 untie

[解] **1** triumphs　　　　　　　　　　　　　　　　英検準1級/2006年③

[訳] カナダでは多くのアイスホッケーファンが、2002年の冬季オリンピックでカナダチームが金メダルを取ったことを、国のスポーツ史上最も偉大な勝利のひとつだと考えている。

[解説]　1 勝利　2 見出し、タイトル　3 深く理解していること　4 丸天井

triumphは、tri-【3回】+ -umph【phone「音」の変形】から「勝利の雄叫びを3回行う」で、日本の「万歳三唱」のイメージの単語です。vaultは、【ラテン語 *volutus* 回転】→「湾曲した屋根」に変化した単語です。[例] the high vault of St. Paul's Cathedral「セントポール寺院の高い丸屋根」。(**triumph** ☞649)

[解] **3** discarding

[訳] マーサは、道路のわきに古い家具を捨てたので、5万円の罰金を科された。

[解説]　1 ～を置く、～を預金する　2 ～を見分ける　3 ～を捨てる　4 ～を暴露する

「罰金を科された」から「家具を捨てた」とするのが適切です。discardは「(不要品、古着など)を捨てる」から「(考え、習慣、友達など)を捨てる」にまで使えます。間違えた人の多くは4を選んでいます。(**discard** ☞651)

[解] **3** dismay

[訳] フランクは、そのチームから解雇された時、狼狽を隠せなかった。

[解説]　1 (会合、制度などの)混乱、中断　2 意見の相違　3 狼狽、うろたえ　4 (心身の)不調、(状況などの)混乱

後半の内容から3が適切です。dismayは、dis-【ばらばら】+ -may【(= might)力】から「力がバラバラになること」→「狼狽」になりました。[例] shake one's hands in dismay「狼狽してクビを横にふる」、to one's dismay「彼が狼狽したことには」。1がワナです。[例] the disruption of the telephone service「電話サービスの混乱」。(**discard** ☞参考651)

[解] **4** untie　　　　　　　　　　　　　　　　　　　センター試験

[訳] 彼がまずやったことは靴のひもをほどいて靴を脱ぐことだった。

[解説]　1 (縛られていたもの)をほどく　2 (ドア、箱など)の錠を開ける　3 (包み、荷など)をほどく　4 (結び目など)をほどく

目的語の「靴のひも」に対応するのは4しかありません。一般に un- +動詞では、逆の動作を示す、ということを覚えておいて下さい。(**undo** ☞参考653)

337

Jill's ( ) of the professor's lecture was so poor that she is now thinking about changing her course.

1 comprehension 2 compromise 3 consensus 4 utterance

338

A: Does my homeowners insurance policy cover all the belongings in my house?
B: Yes, but not to their full value. I can give you some information on a more ( ) policy, if you'd like.

1 comprehensive 2 offensive 3 decisive 4 conclusive

339

People in ( ) societies are not necessarily happier than people in poorer ones.

1 furnished 2 affluent 3 invested 4 ornamental

やや難

340

Getting used to a foreign culture is a ( ) that takes some time.

1 career 2 characteristic 3 policy 4 process

やや難

[解] **1** comprehension
[訳] ジルはその教授の講義をあまり理解できなかったので、今、彼女は講座を変更することを考えている。
[解説] 1 理解　2 妥協　3 合意　4 （言葉、言葉以外の声などを）発すること、口に出すこと
後半の記述から「理解」を表す1が正解です。comprehendは「（包括的に）理解する」です。「全体をつかむ」ことは難しいことから、多くの場合否定文で使われます。名詞形も否定的な文脈で使われることがほとんどです。（**comprehend** ☞654）

[解] **1** comprehensive　　　　　　　　　　　　　　　英検準1級／2007年①
[訳] A：「家主が入っている保険の契約内容では、（借り主である）私の所有物すべてが補償対象になるのですか？」
B：「はい。でももし被害にあわれても全額は補償されないと思います。もしよければ、もっと広範囲まで補償のきく保険についてご説明しましょうか？」
[解説] 1 包括的な、広範囲な　2 非常に失礼な　3 決定的な　4 （証拠、研究結果などが）決定的な、確実な
comprehend「（包括的に）〜を理解している」の形容詞形は comprehensible「理解できる」と comprehensive「包括的な」の2つで、comprehensive は、comprehend の com-【一緒に】のほうに重きをおいた単語です。（**comprehend** ☞654）

[解] **2** affluent
[訳] 裕福な社会の人々が必ずしも、貧しい社会の人々よりも幸せであるとは限らない。

[解説] 1 家具付きの　2 裕福な　3 投資した　4 装飾用の
文脈から2を選びます。affluent は「お金が流れ込んでくる」が原義で、affluent people「裕福な人々」、affluent suburbs「裕福な郊外」などで使います。なお、ornamental は ornament「装飾」の形容詞形です。（**affluent** ☞660）

[解] **4** process　　　　　　　　　　　　　　　　　　センター試験
[訳] 外国の文化に慣れるには時間がかかります。

[解説] 1 経歴　2 （個々の）特徴　3 政策　4 過程、手順
内容から1、2、3はおかしいので消去法で4を選びます。この process は、「（ある一連の変化の）過程」の意味で用いられます。 process =「過程」で覚えていると4を選ぶのは困難です。［例］the process of crystallization「結晶ができる過程」。間違えた人の多くは1か2を選んでいます。（**proceed** ☞661）

341

The ( ) involved in applying to American universities can be incredibly time-consuming.

1 procedures 2 dealings 3 alternatives 4 circumstances

やや難

342

A few weeks ago, I saw my old teacher walking near the high school. I thought she had retired, but ( ) she hasn't.

1 apparently 2 naturally 3 automatically 4 consequently

難

343

A: Where are we going tonight?
B: I've ( ) a table at that new restaurant at 8:00. I hope that's all right.

1 recorded 2 reserved 3 replied 4 remained

344

This organic jam contains no ( ) and will quickly go rotten.

1 ingredients 2 prescriptions 3 nutrients 4 preservatives

やや難

[解] **1** procedures
[訳] アメリカの大学に志願するのに必要な手続きは信じられないほど時間がかかることがある。

[解説]　1 手順、手続き　2 取引　3 代わりのもの　4（通例複数形）事情
大学入学に関わる単語は1「手続き」です。procedure は「ハンバーグを作る手順」、「パソコンで表計算をする手順」などから「訴訟などの手続き」などにまで使います。間違えた人の多くは2を選んでいます。（**procedure** ☞662）

[解] **1** apparently
[訳] 数週間前、昔お世話になった先生が高校の近くを歩いておられるのを見た。先生は退職されたと聞いていたが、どうもそうではなかったらしい。

[解説]　1 聞くところによると~らしい、~と思われる　2 自然に　3 自動的に　4 その結果
文脈から1が適切です。apparently は、口語では「聞くところによると」という意味ですが、文語では「（一見）~に思える」でよく登場します。70%近くの人が4を選んでいます。consequently は「（それまで述べてきたことをまとめて）結果として」の意味です。
（**seemingly** ☞参考664）

[解] **2** reserved 　　　　　　　　　　　　　　　　　　英検準2級/2005年③
[訳] A：「今晩どこに行く？」
　　 B：「8時に例の新しいレストランに予約を入れておいたよ。それでいい？」

[解説]　1 ~を記録する　2（部屋や席など）を予約する　3（reply to ~）~に返事する
4 残る、~のままである
文脈から2が適切。reserve は、reserved の形で「（人が）控えめな」という意味でも使われます。（**reserve** ☞665）

[解] **4** preservatives
[訳] この有機栽培のジャムは、防腐剤が含まれていないので、腐るのがはやいだろう。

[解説]　1 材料、要因　2 処方箋　3 栄養物　4 防腐剤
後半の「すぐに腐る」から、「防腐剤」が入っていないということで、答えは4。preservative は preserve「~を保存する」の名詞形の1つです。1がワナ。なお「添加物」は additive で、「人工着色料」は artificial coloring です。（**preserve** ☞666）

345

The two sisters, who had been separated by civil war 25 years earlier, (　) each other and cried with joy when they met at the airport.

1 embraced　2 envied　3 edged　4 exerted

346

Megumi's English essay was so (　) that her teacher could not tell what her opinion really was.

1 ambiguous　2 credulous　3 analogous　4 infectious

やや難

347

Martin's (　) of playing for Manchester United is pretty unrealistic!

1 ambition　2 profit　3 advantage　4 result

348

A: Paul, you should be more careful. You upset a lot of people at today's meeting.
B: Can you be more (　)? What exactly did I do wrong?

1 specific　2 passive　3 peculiar　4 genuine

難

[解] **1** embraced 　　　　　　　　　　　　　英検準1級/2007年②
[訳] その姉妹は25年前に勃発した内戦のため離れ離れになっていたが、空港で再会したときにお互いを強く抱きしめ、感極まって涙を流した。
[解説] 1 ～を抱擁する、～を受け入れる　2 ～について羨ましく思う　3 ～を縁どる　4 （権利、権力など）を行使する
25年ぶりに再会したということから1が適切。embrace は hug の formal な単語だと覚えておきましょう。また「（主義、申し出など）を受け入れる」という意味でも使います。[例] The scientist embraced the new theory with enthusiasm.「その科学者はその新しい理論を熱心に受け入れた」。(**embrace** ☞669)

[解] **1** ambiguous
[訳] メグミの英語のエッセイはとても曖昧だったので、教師は、彼女が本当は何を考えているのかわからなかった。
[解説] 1（言葉の意味などが）曖昧な　2 だまされやすい　3 似ている　4 伝染性の、人にすぐ伝わる
後半の内容から「エッセイの内容が曖昧であったこと」がわかります。よって1が適切です。ambiguousは、「（主に言葉の意味などがいくつかの意味に取れるため）曖昧な」という意味です。[例] an ambiguous expression「曖昧な表現」。2は難単語ですが credit「信用」と同系語で「信用しやすい」が元の意味だとわかれば容易に暗記できますね。(**ambiguous** ☞670)

[解] **1** ambition
[訳] マーティンのマンチェスターユナイテッドでプレーしたいという野望はかなり非現実的だ。
[解説] 1 強い希望、野望　2 利益　3（他と比べて）有利な点　4 結果
「非現実的な」に対応する名詞は1です。ambitionは、「何かを達成したいという強い願望」の意味です。achieve / fulfill / realize an ambition to (V) / of (V)ing「～な願望を達成する／成就する／実現する」の意味です。(**ambition** ☞672)

[解] **1** specific 　　　　　　　　　　　　　英検準1級/2007年②
[訳] A：「ポール、もっと周りに気を遣ったほうがいいよ。今日の会議でたくさんの人が眉をひそめていたよ」
B：「もう少し具体的に言ってもらえないかな？　僕はいったいどんな悪いことをしたのかな？」
[解説] 1 明確かつ具体的な　2 受動的な、消極的な　3 独特な　4 正真正銘の
文脈から1が適切。Be more specific. で「もっと明確に言って下さい」の意味の熟語的な表現。間違えた人の多くは3を選びました。[例] a peculiar smell「妙な臭い」。(**specific** ☞675)

349

A: What's wrong, Melanie?
B: I spilled coffee on my new shirt and now it's ( ).

1 overturned 2 ruined 3 smashed 4 crashed

やや難

350

Travel on British trains without a ( ) ticket, and you face a fine of up to £500.

1 solid 2 valid 3 credible 4 authentic

やや難

351

The ( ) of Carl's story is questionable, as he often lies.

1 agility 2 relativity 3 validity 4 facility

難

352

Japanese companies often pay bonuses ( ) to three months' salary.

1 applicable 2 affordable 3 relevant 4 equivalent

[解] **2** ruined 英検2級/2006年③
[訳] A:「メラニー、どうしたの?」
B:「新しいシャツにコーヒーをこぼして、駄目にしてしまったの」
[解説] 1 ~を覆す 2 ~を破滅させる、~を駄目にする 3 ~を粉々にする 4 衝突する、墜落する
「コーヒーをこぼした」とあるので、2が適切です。ruin は「(建物、都市など)を破滅させる」の意味ですが、口語では「(人、モノ)を駄目にする」の意味で使われます。間違えた人は1を選んでいます。[例] overturn a chair「椅子をひっくり返す」、overturn the government「政府を倒す」。(**ruins** ☞677)

[解] **2** valid
[訳] 有効な切符を持たずにイギリスの列車に乗ると、最高で500ポンドの罰金を科される。
[解説] 1 固い、固体の 2 妥当な、有効期限内の 3 (証拠などがあって)信用できる 4 (古美術や署名など)本物の
「切符などが有効期限内」というのは2です。valid は value「価値」と同系語です。valid evidence「価値ある証拠」→「妥当な証拠」、a valid passport「価値あるパスポート」→「期限切れでないパスポート」、This ticket is valid for today only.「このチケットは本日限り有効」。3がワナ。(**valid** ☞678)

[解] **3** validity
[訳] カールは嘘をつくことが多いので、彼の話がしっかりとした根拠に基づいたものかどうかは疑わしい。
[解説] 1 軽快さ、機敏さ 2 関連、相対性 3 妥当性 4 施設、容易さ
後半の「嘘をつくことが多い」から「彼の話の妥当性は疑わしい」と考えるのが適切です。答えは3。1は難単語ですが、【ラテン語 *agere* 追い立てる、動かす】から来た単語で、agent「代理人」、agenda「協議事項」、agitate「扇動する」が同系語です。30%近い人が4にしています。[例] sports facilities「スポーツ施設」。(**valid** ☞678)

[解] **4** equivalent
[訳] 日本の会社では、3ヵ月分の給料と同額のボーナスを支払うことが多い。

[解説] 1 適用できる 2 手頃な価格の 3 (当面の問題などに)関連した 4 同等の
「3ヵ月分の給料と~のボーナス」から4が適切。equivalent は名詞としても「(数量、程度などが)同等のもの」の意味で使えます。また、2の affordable は can afford「~する余裕がある」の派生語です。意外とよく使われる単語ですから覚えておいて下さい。(**equivalent** ☞679)

353

The Olympic Games were a huge success because so many countries (　).

1　participated　2　played in　3　represented　4　took part in

354

Joe's mother was waiting with (　) at the airport to meet Joe and her new grandson.

1　persuasion　2　representation　3　anticipation　4　illustration

355

The police captain (　) trouble between rival fans at the upcoming soccer match, so he increased the number of officers on duty at the stadium.

1　activated　2　terminated　3　tolerated　4　anticipated

356

The bad news (　) Jenny so greatly that she could not continue her work.

1　focused　2　feared　3　upset　4　comprehended

[解] **1** participated　　　　　　　　　　　　　　　センター試験
[訳] たくさんの国が参加して、オリンピックは大成功をおさめた。

[解説]　1 参加する　2 ～で競技する、～に参加する　3 ～を表す、～を代表する　4 ～に参加する
空所には自動詞が入りますから1しかありません。take part in ～「～に参加する」は、もし～を省略するなら in も省いて take part として使います。日本語でも「に参加する」は不自然で「参加する」が自然ですね。全体の半数が4にしています。（**participate** ☞684）

[解] **3** anticipation　　　　　　　　　　　　　　英検2級/2006年①
[訳] ジョーの母は空港で、ジョーと生まれたばかりの孫息子に会うのを楽しみにしながら待っていた。

[解説]　1 説得　2 表現、代表　3 期待して待つこと、予測し備えること　4（図を描いたり、実演したりして）説明すること、実例、イラスト
anticipate ～ は「～に予測して備える」の意味ですが、名詞形の anticipation は「（楽しいことが起きる）予感」でも使います。ですから、with anticipation で「わくわくしながら」の意味です。2がワナです。（**anticipate** ☞685）

[解] **4** anticipated　　　　　　　　　　　　　　英検準1級/2007年③
[訳] 警察署長は、来たるサッカーの試合でのファン同士のいざこざを予測し、スタジアムに配備される警官を増員した。

[解説]　1 ～を活性化させる、～を作動させる　2 ～を終わらせる　3（事柄）を大目にみる　4 ～を予測し備える
後半の記述から4が適切です。anticipate は、ant-【～に反して】+ cipate「取る」より、「なにかに備えて準備する」という意味です。なお1の activate は Smoking or the use of a lighter will activate the fire alarms.「喫煙やライターの使用等により火災報知器の大きな警報音が鳴ります（新幹線のトイレ内の掲示）」などで使われます。（**anticipate** ☞685）

[解] **3** upset
[訳] その悪い知らせを聞いてジェニーはとても動揺し、仕事を続けられなかった。

[解説]　1 ～に焦点を合わせる　2 ～を恐れる　3 ～を動揺させる　4 ～を理解している
後半の記述から3が適切です。upset は「（モノ）をひっくり返す」から、「（計画、バランスなど）を狂わす」、「（人）の心を乱す」で使われます。［例］The dam may upset the ecological balance.「そのダムは生態系を崩すかもしれない」。（**upset** ☞688）

357

Mike's help is ( ) for the success of the plan.

1 cautious   2 indispensable   3 unpleasant   4 unsung

358

The chairperson ( ) the meeting due to a power failure.

1 swapped   2 surpassed   3 sustained   4 suspended

やや難

359

After three of its workers were seriously hurt in an accident at the factory, the company was required to pay each of them ( ).

1 validation   2 admiration   3 compensation   4 deception

360

Vegetarians often use tofu as a ( ) for meat because it is an excellent source of protein and can be used in many kinds of dishes.

1 condiment   2 substitute   3 therapy   4 remnant

[解] **2** indispensable
[訳] マイクの助けは計画が成功するためには不可欠である。

[解説] 1 注意深い　2 不可欠な　3 不快な　4 （賞賛されるべきなのに）無名の
be indispensable to ／ for ～「～に／～にとって不可欠だ」で暗記して下さい。ふつう to ですが for を用いることも可能です。essential は「なければ大変なことになる」というイメージの単語ですが、indispensable は「あれば便利だよ」という感じです。（**indispensable** ☛689）

[解] **4** suspended
[訳] 議長は、停電のため会議を一時中断した。

[解説] 1 ～を交換する　2 ～を超える　3 （崩れないように）を維持する　4 ～を一時的に中断する
「停電のため」から「会議の中断」と考えるのが適切。suspend ～は「～の活動を一時的に中断させる」の意味で、文脈によって「営業停止にする、出場停止にする、停学にする」など様々な訳ができます。3がワナ。（**suspend** ☛690）

[解] **3** compensation　　　　　　　　　　　　　　英検準1級／2007年①
[訳] 3人の労働者が工場での事故で重傷を負ったので、会社は被害者1人1人に補償金を支払うよう求められた。

[解説] 1 有効なものにすること　2 高く評価すること、称賛　3 補償（金）、賠償（金）　4 だますこと、詐欺
工場が労働者に支払うものは3が適切です。compensation は compensate for ～「～に対して補償する」の名詞形です。（**compensate** ☛692）

[解] **2** substitute　　　　　　　　　　　　　　英検準1級／2006年②
[訳] 菜食主義者は肉の代わりに豆腐を食べる。というのも、豆腐は高たんぱく質の食品であり、いろんな種類の料理で使えるからである。
[解説] 1 （塩、コショウなどの）香辛料　2 代用品、代理人　3 療法　4 （通例複数形）残り、残骸
「豆腐は肉の代用品」ですから2が適切。a substitute for ～で「～の代用品」の意味です。また動詞の substitute は、substitute A for Bで「Bの代わりにAを用いる」という意味です。［例］We decided to substitute cheaper materials for the alminum.「アルミニウムの代わりにもっと安価な材料を使うことに決定した」。（**substitute** ☛704）

361

Our company is about to ( ) a sales campaign in Vietnam, where people should welcome our products.

1 originate 2 produce 3 settle 4 launch

難

362

As the senator was too busy to read the whole 220-page report, he asked his assistant to produce an ( ) version on him.

1 abbreviated 2 underestimated 3 elevated 4 abducted

やや難

363

Italy attracts millions of visitors every year. It is probably true to say that Italy is high on most people's list of dream holiday ( ).

1 destinations 2 designations 3 dealings 4 departures

難

364

The students were ( ) to cancel their travel plans owing to the accident.

1 compelled 2 engaged 3 enrolled 4 stranded

【解】 **4** launch
【訳】 我々の会社は、ベトナムで販売キャンペーンを開始しようとしているが、そこでは、人々は我々の製品を歓迎するはずだ。
【解説】 1 (特定な場所、状況から)始まる　2 ~を生産する　3 ~を解決する、(~に)定住する　4 ~を開始する、~を打ち上げる
文脈から4が適切です。launch は「(ロケットなど)を打ち上げる」「(事業など)を始める」で使われる動詞です。「槍(lance)をもって出かける」が原義です。3がワナ。(**launch** ☛ 705)

【解】 **1** abbreviated　　　　　　　　　　　　　　　英検準1級／2007年③
【訳】 その上院議員は多忙のため220ページにおよぶ報告書のすべてを読むことはできなかったので、アシスタントに要旨をまとめるように言った。
【解説】 1 ~を短縮する　2 ~を過小評価する　3 ~を高める　4 ~を拉致する、~を誘拐する
「220ページのすべてが読めない」ということから「簡略版」が答えだとわかります。abbreviate は brief「短い」と同系語の単語です。なお abduct は ab-【(= away)離れて】+ -duct【導く】から「遠くに連れて行く」が原義です。2がワナ。(**abbreviate** ☛ 706)

【解】 **1** destinations
【訳】 毎年何百万人もの観光客がイタリアを訪れる。休日を過ごす理想的な目的地としてイタリアが多くの人々の間で大人気なのは、間違いないだろう。
【解説】 1 目的地　2 指定　3 取引　4 出発
文意が通じるのは1だけです。destination は、a tourist destination「観光客が目的とする場所」→「観光地」のような使い方をすることも覚えておいて下さい。30%以上の人が2にしました。[例] The lake has been formally designated an area of outstanding natural beauty.「その湖は正式に特別自然美観地区に指定された」。(**destiny** ☛ 707)

【解】 **1** compelled
【訳】 事故のため、生徒たちは予定されていた旅行を中止せざるを得なかった。

【解説】 1 (compel O to (V)) OにVすることを強制する　2 (engage in ~)~に従事する、~をつかんで放さない　3 登録する　4 (be stranded)座礁する
be ~ to (V)の形を取るのは1だけです。なお strand は be stranded で「座礁する」の意味で使います。enroll は、roll「巻いたもの」→「名簿」の動詞形です。(**compel** ☛ 710)

365

Why is English a ( ) subject in Japanese schools? I think it should be optional.

1 assertive 2 compulsory 3 predominant 4 subjective

366

My doctor said to me, "Here is your six month diet. ( ) it and you will lose about ten kilos."

1 Watch over 2 Grab at 3 Stick to 4 Get off

367

The growth in consumer spending over the last three months shows that the government's efforts to ( ) the economy are working.

1 complicate 2 stimulate 3 expel 4 extract

368

The retired diplomat had had a highly ( ) career, during which he successfully negotiated a number of international agreements.

1 widespread 2 habitual 3 abandoned 4 distinguished

[解] **2 compulsory**
[訳] なぜ日本の学校では英語が必修科目なのか。選択にすべきだと思う。

[解説] 1 断定的な、自己主張が強い　2 強制的な、義務的な　3 卓越した　4 主観的な
後半に「選択にすべきだと思う」とあるので正解は2。compulsoryは「(法律、制度により)義務的な」「(科目などが)必修の」です。[例] Education to the age of 15 is compulsory in Japan.「日本では15歳まで義務教育です」。間違えた人の30%近くが3にしました。[例] a predominant characteristic「支配的特徴」。(**compel** ☞710)

[解] **3 Stick to**
[訳] 「こちらが、あなたの6ヵ月分の規定食のリストです。最後までやり遂げて下さい、そうすれば、およそ10キロ減量するでしょう」と医者は私に言った。

[解説] 1 (人)~に危害が及ばないように守る　2 ~をつかむ　3 ~をやり通す、~に固執する　4 ~を降りる
「それを最後まで~、そうすれば、およそ10キロ減量するでしょう」とありますから3が適切。stick to ~は「(約束など)を守る」「(主義など)を断固として実行する」という意味で使われます。他にも My shirt stuck to my back.「シャツが背中に貼り付いた」などでも使えます。a sticker「ステッカー」は日本語になっていますね。間違った人の25%が1にしました。(**stick** ☞718)

[解] **2 stimulate**　英検準1級/2007年①
[訳] ここ3ヵ月消費支出が増加しているので、政府の景気刺激策がうまくいっていることがわかる。

[解説] 1 ~を複雑にする　2 ~を刺激する　3 (expel A from B) AをBから追放する　4 ~を抽出する
stimulate ~ は目的語に production「生産」、one's appetite「食欲」、the economy「経済」などを取り「(何かの動きを促すように)~を刺激する」という意味で使われます。名詞形は stimulus です。(**stimulate** ☞719)

[解] **4 distinguished**　英検準1級/2007年②
[訳] 引退した外交官は傑出した経歴の持ち主であった。彼は任期中、いくつかの国際条約の交渉に大きな成果を残した。

[解説] 1 広範囲に及ぶ　2 習慣的な　3 見捨てられた　4 傑出した、目立つ
during which 以下の記述から4が適切。distinguish A from B「AをBとはっきりと区別する」の形容詞形が distinguished「(他と明確に区別できるような)傑出した」の意味です。プラスイメージの形容詞です。1にした人が30%近くに及びます。(**distinguish** ☞722)

369

I couldn't make any ( ) between the real money and the fake money —— they all looked the same to me.

1 hesitation 2 evolution 3 distinction 4 extinction

370

Paul is a multimillionaire, yet he leads a ( ) life in a smallish house and commutes by bicycle.

1 notorious 2 showy 3 concise 4 modest

371

That new hotel can ( ) over two thousand guests.

1 integrate 2 compromise 3 accommodate 4 customize

372

In spite of his ( ) origins, he became a billionaire.

1 affluent 2 humble 3 ingenious 4 subtle

[解] **3** distinction
[訳] 私は本物のお金と偽物のお金の区別をすることはできなかった。私にはそれらはすべて同じに見えた。
[解説] 1 ためらい、躊躇(ちゅうちょ)　2 進化　3 区別、相違　4 絶滅
「それはすべて同じに見えた」ということから、「本物のお金と偽のお金を区別できない」が適切で3を選びます。distinction は、distinguish A from B「A を B と区別する」の名詞形です。形容詞形の distinguished「他と明確に区別された」→「(研究、業績など)優れた、著名な」も重要です。(**distinguish** ☞722)

[解] **4** modest
[訳] ポールは億万長者だが、大きくはない家で質素な生活を送り、通勤にも自転車を使っている。
[解説] 1 悪名高い　2 目立つ、派手な　3 簡潔な　4 質素な、粗末な
「億万長者であるが」からマイナスイメージの単語を選びます。modest は褒め言葉として「謙虚な」、「(数、量、価値など)控えめな、多くない」の意味です。なお showy は、ヒマワリのように「(周りの注意を引きつけるぐらい色とりどりで)目立つ」という意味です。3がワナ。(**modest** ☞723)

[解] **3** accommodate
[訳] その新しいホテルは2000人以上の客を収容できる。
[解説] 1 (複数のもの)を統合する、(integrate A into B) A を B に溶け込ませる　2 (名誉、信用など)を損なう、妥協する　3 ～を収容する　4 ～を注文に応じて作る
「その新しいホテルは2000人以上の客を～」から3が適切です。accommodate は「(建物や部屋が人やモノを)収容する」という意味です。また「(人に住む場所など)をあてがう」という意味でも使います。名詞形の accommodation(s) は「宿泊施設」の意味です。(**accommodation** ☞724)

[解] **2** humble
[訳] 彼は貧しい家の出身ではあるが、大金持ちになった。
[解説] 1 裕福な　2 つつましやかな、貧しい、謙虚な　3 独創的な、工夫に富む　4 微妙な
文意から空所にはマイナスイメージの形容詞が入ります。選択肢の中で origin と結びつくのは2だけです。3がワナ。[例] an ingenious computer game「巧妙にできたコンピュータゲーム」。(**humble** ☞728)

373

If there was a problem with my work, you should've spoken to me in private. You didn't have to (　) me in front of the whole office!

1 captivate　2 assimilate　3 humiliate　4 segregate

やや難

374

The rescue team was unable to find the (　) location of the accident.

1 incorrect　2 keen　3 precise　4 suitable

375

Builders usually (　) concrete using steel rods.

1 reinforce　2 reassure　3 suspend　4 confirm

やや難

376

I could sense (　) in the crowd, and soon a fight broke out.

1 invasion　2 friction　3 intuition　4 affection

[解] **3** humiliate　　　　　　　　　　　　　　　英検準1級／2006年①

[訳] 私の仕事に問題があるのなら、個人的に私に言うべきだったよ。全社員の前で私に恥をかかせなくてもよかったじゃないか！

[解説]　1　~を魅惑する　2　(知識、文化、技術など)を吸収する、~を同化させる　3　~に屈辱を与える　4　~を差別する、~を分離する

文脈より3が適切。4は難単語ですが、se-【離す】+ -greg-【集団】→「~を集団から離す」が語源です。[例] a racially segregated society「人種隔離／差別社会」2、4がワナです。(**humiliate** ☛730)

[解] **3** precise

[訳] 救急隊は事故の正確な発生現場を特定できなかった。

[解説]　1　不正確な　2　鋭い　3　正確な　4　適した

文意から3が適切。precise は「(測定、機器などが)正確な、精密な」「(言葉などが)明確な」などの意味で使います。名詞形は precision です。なお2の keen は、「(刃先などが)鋭い」から「(知力、感覚などが)鋭敏な」でも使います。(**precise** ☛733)

[解] **1** reinforce

[訳] 建築業者は、普通、鋼鉄の棒を使ってコンクリートを補強する。

[解説]　1　~を補強する　2　~を安心させる　3　~を一時的に中断する　4　~を確実なものにする、~を裏づけする

空所の後の「コンクリート」を目的語にする動詞は1しかありません。reinforce ~は、「(軍隊、建物など)を補強する、増強する」から「(考えなど)を補強する」でも使います。[例] The movie reinforced the idea that men should be strong.「その映画は男は強くなくてはならないという考えを強調していた」。4の confirm は a theory「理論」、a belief「信念」などの「裏付けをする」という意味で、ここでは使えません。(**reinforce** ☛735)

[解] **2** friction

[訳] 私は、群衆の中に何かトラブルがあるのを感じていたが、まもなく、けんかが始まった。

[解説]　1　侵略　2　摩擦　3　直感　4　愛情

後半の記述から2を選びます。friction は「(文字通りのモノとモノとの)摩擦」から「(人と人や、集団と集団との)摩擦、不和」の意味でも使えます。3の intuition は、a tutor「家庭教師、チューター」と同系語ですから「頭の中で教えてくれるもの」→「直感」と暗記。(**friction** ☛738)

377

A: Can you tell me the best way to clean this silver plate?
B: Just (　) it gently with a soft cloth. Don't use any soap or water.

1 heal 2 rub 3 spill 4 tear

やや難

378

Last summer, due to a mistake on my airline ticket, I had the (　) of flying first class. I felt so special!

1 privilege 2 assumption 3 assortment 4 proportion

やや難

379

Kevin had a (　) reason for being late to class. The trains were delayed due to the snowstorm.

1 ferocious 2 legitimate 3 progressive 4 respected

やや難

380

Panasonic is one of the world's most (　) companies, always developing new kinds of products.

1 obsolete 2 innovative 3 orthodox 4 conventional

やや難

[解] 2 rub 　　　　　　　　　　　　　　　　　英検2級／2007年①
[訳] A：「この銀の皿を洗うのに一番良い方法を教えてもらえる?」
　　B：「柔らかい布でやさしく拭くだけでいいのよ。石けんや水は使わないでね」
[解説] 1 ~を治す、(傷などが)治る　2 ~を擦る　3 ~をこぼす　4 ~を引き裂く
「銀の皿をきれいにする」ためには2しかありません。なお、4の tear の発音は /teə/ ですから注意して下さい。およそ25%の人が3を選びました。[例] spill milk on the floor「ミルクを床にこぼす」。(**friction** ☞参考738)

[解] 1 privilege
[訳] 去年の夏、航空会社のチケットのミスのために、私は、ファーストクラスで飛行機に乗るという特権を得た。私はとても特別な気分を味わえた。
[解説] 1 特権　2 仮定　3 詰め合わせ　4 割合、比例
文意から1が適切です。have the privilege of ~で「~という特権を持つ」の意味です。形容詞形の privileged「特権階級の」も重要です。[例] the privileged few「特権を与えられた少数の人」、a privileged position「特権を与えられた地位」。なお 3の派生語の assorted は assorted biscuits「ビスケットの詰め合わせ」などでよく出てきますので一緒に覚えておいて下さい。20%弱の人が4を選んでいます。(**privilege** ☞739)

[解] 2 legitimate
[訳] ケビンが授業に遅れてきたのには正当な理由があった。吹雪のため電車が遅れたのだ。

[解説] 1 残忍な　2 正当な　3 進歩的な　4 立派な
reason を修飾する適切な形容詞は2です。legitimate は、legal「法律の」と同系語で、原義は「合法で」ですが、法律とは無関係に「正当な」という意味でも使います。[例] a legitimate excuse for being late「遅刻に対する正当な理由」。(**legitimate** ☞740)

[解] 2 innovative
[訳] パナソニックは、世界の最も斬新な会社のひとつで、いつも新しい種類の製品を開発している。
[解説] 1 すたれた　2 革新的な、斬新な　3 正統の　4 慣例に基づく、ありきたりな、平凡な
後半の記述「いつも新しい種類の製品を導入する」から2を選びます。innovative は、「以前に存在したものと全く違う、革新的な、斬新な」という意味です。-nova- が【新しい】という意味です。[例] an innovative approach「斬新な取り組み方」。(**innovation** ☞742)

381

Theft is so ( ) in that city that every home has a guard dog.

1 eloquent 2 resolute 3 skeptical 4 pervasive

382

Jeff had to ( ) the loss of his best friend alone. It was too painful for him to talk about it to anyone else.

1 acquire 2 adore 3 cure 4 endure

383

Ashley wanted to stay out until two in the morning, but he could not get his parents' ( ).

1 interval 2 approval 3 admission 4 option

384

Mika ( ) to pass her law exams for six years and then she gave up.

1 clapped 2 struggled 3 possessed 4 resisted

[解] **4** pervasive
[訳] 窃盗はその都市でとても増えており、どの家も番犬を飼っている。

[解説] 1 雄弁な 2 決心の堅い 3 懐疑的な 4 広がる、普及力のある
「どの家も番犬を飼っている」ということは「窃盗が広がっている」が適切で、答えは4です。pervasive は pervade「(感情や考えが)〜に浸透する」の形容詞形。invade「〜に侵入する」、evade 〜「(責任など)を逃れる」と一緒に覚えておいて下さい。苦し紛れに1を選んだ人がおよそ30%います。(**evade** ☞参考745)

[解] **4** endure
[訳] ジェフは無二の親友を失った悲しみに一人耐えなければならなかった。そのことについて誰か他の人に言うのは、あまりにも辛すぎた。

[解説] 1 〜を身につける 2 〜を熱愛している 3 〜を治す 4 〜に耐える
文意が通るのは4だけです。endure は「(長期にわたって)〜に耐える」という意味です。名詞形は endurance です。[例] have enough endurance to run a marathon「マラソンをするだけの持久力を持っている」。during 〜「〜の間」が同系語です。(**endure** ☞ 749)

[解] **2** approval
[訳] アシュリーは朝の2時まで外にいたかったが、親の許可が得られなかった。

[解説] 1 間隔 2 承認、許可 3 (入場、入学などの)許可 4 選択(肢)
文脈から2が適切です。approval の動詞形の approve (of 〜)は、「(目上の者が目下の者に)〜に対して承認する」という意味です。なお、硬い文では他動詞「〜を(正式に)承認する」でも使います。3にしないように気をつけて下さい。(**approve** ☞750)

[解] **2** struggled
[訳] ミカは6年間、司法試験に合格しようと努力したが、その後あきらめた。

[解説] 1 (手)をたたく、(人、演技など)に拍手する 2 もがきながら進む、(struggle to (V))〜するよう努力する 3 〜を所有している 4 〜に抵抗する
「その後、あきらめた」とありますから、前半は「がんばった」という意味の動詞を探します。その意味をもつのは2だけです。struggle to (V)「とてもがんばって〜する」という意味です。(**struggle** ☞756)

Masahiko is ( ) to improve his math by going to cram school every night.

385

1 restraining   2 idling   3 striving   4 thriving

Let's change our ( ) for the next game. I think three midfielders and three strikers will work well.

386

1 sanction   2 petition   3 strategy   4 provision

Poor ( ) conditions lead to diseases and death.

387

1 sanitary   2 digestive   3 emergent   4 infected

Some experts say that parents today ( ) their children by giving them anything they want.

388

1 trade   2 encounter   3 conduct   4 spoil

[解] **3** striving
[訳] マサヒコは毎晩塾に行って、数学の成績を上げようと懸命に努力している。

[解説] 1 ～を抑制する　2 怠けて過ごす　3 懸命に努力する　4 成長する、栄える
うしろの to (V)と結びつく動詞は3のみ。strive to (V)で「(非常に困難だけれど) V するように大いに努力する」という意味です。try to (V)よりはるかに努力の度合いが高いことを示唆しています。strive ; strove ; striven の活用変化には注意して下さい。(**struggle** ☞ 参考756)

[解] **3** strategy
[訳] 次の試合の戦略を変えよう。ミッドフィールダー3人とストライカー3人にすればうまく機能すると私は思う。
[解説] 1 制裁　2 懇願　3 戦略　4 供給
後半の記述から3が適切です。strategy は「(全体的な)戦略」の意味です。tactics「(個々の)戦術」とは区別して覚えて下さい。a business strategy「経営戦略」、come up with an excellent sales strategy「素晴らしい販売戦略を思いつく」などで使います。1の sanction は、sacrifice「犠牲」と同系語で、元は「神様のために清めること」の意味です。4の provision は、provide の名詞形です。(**strategy** ☞757)

[解] **1** sanitary
[訳] 衛生状態の悪さは、病気と死につながる。

[解説] 1 衛生的な　2 消化の　3 (国などが)新興の　4 感染した
後半の「病気と死につながる」から1か4に絞られますが、意味が通じるのは1だけです。sanitary は improve sanitary conditions「(下水、便所などの)衛生状態を改善する」で暗記しましょう。なお emergency は「(突然現れた→)緊急の、緊急」ですが、3の emergent は「(突然現れた→)新興の」という意味ですから注意して下さい。また、2は the digestive system「消化器系統」で暗記。(**sanitation** ☞765)

[解] **4** spoil　　　　　　　　　　　　　　　英検2級/2008年②
[訳] 今日の親は子どもが欲しがるものを何でも与え、子どもを甘やかしているという専門家もいる。
[解説] 1 取り引きする　2 ～に遭遇する　3 ～を導く　4 ～を駄目にする、～を甘やかす
文意が通るのは4だけです。spoil ～は「～を駄目にする」という意味ですが spoil a child の場合には「子どもを甘やかす」という意訳が可能です。なお3は「まとめて導く」が原義で、conduct a survey「調査を行う」、conduct electricity「電気を通す」、conduct the orchestra「オーケストラを指揮する」などで使います。およそ20％の人が3を選びました。(**spoil** ☞ 764)

389

( ) activities are those approved of by society because they are considered to be fair and honest.

1 Respect   2 Respectable   3 Respecting   4 Respective

やや難

390

Peter, Jane and Sam drank beer, whisky and red wine, ( ).

1 respected   2 respectably   3 respectfully   4 respectively

391

Each ( ) has specific functions in a recipe, and a substitute may alter the flavor, color, texture, or volume, but still result in an acceptable product.

1 ingenious   2 ingredient   3 component   4 article

392

I had no difficulty finding his house, because the directions he gave me were ( ).

1 bright   2 available   3 explicit   4 vague

難

[解] **2** Respectable　　　　　　　　　　　　　　　センター試験
[訳]「きちんとした活動」というのは、公正で嘘偽りがないと考えられているので、社会的に信用されている活動のことである。
[解説]　1 尊敬、(in ~ respect)点　2 （社会的、道徳的に）きちんとした　3 ～に関して　4 各々の
respectable は、-able で終わっていますから「尊敬できる」が原義です。そこから「世間的にきちんとした」という意味で使われます。respective は、respect「点」の形容詞形で「各点の」→「各々の」。4にした人がおよそ30％いました。(**respectable** ☞768)

[解] **4** respectively
[訳] ピーター、ジェーン、サムは、それぞれ、ビール、ウィスキー、赤ワインを飲んだ。
[解説]　1 立派な　2 きちんとして　3 敬って　4 それぞれ、各々
respect の -spect は【見ること】から「見る点」→「点」の意味も持つようになりました。その形容詞形が respective で「各点の」→「各々の」と変化しました。[例] their respective rooms「彼らの各々の部屋」。respective の副詞形が respectively です。なお respect が「点」の場合、in ~ respect「～の点で」の形を取ります。(**respectable** ☞768)

[解] **2** ingredient
[訳] それぞれの材料は、レシピの中で特別な役割を持っている。だから代用品を用いると風味や色や肌理や量が少し変わってしまうかもしれないが、それなりの完成品を作ることは可能である。
[解説]　1（方法、発明などが）独創的な　2（料理、ケーキなどの）材料　3（機械類の）部品、構成要素　4 記事
料理の話をしていることがわかれば2を選ぶことができます。in-「中に」+ gredi-「行く」から「中に入っていくもの」が原義です。同系語に progress「前方に行くもの」→「進歩」があります。3は料理に使う単語ではありませんから注意して下さい。(**ingredient** ☞771)

[解] **3** explicit
[訳] 彼が教えてくれた道順は大変わかりやすかったので、彼の家を容易に見つけることができた。
[解説]　1 鮮明な、(人が)聡明な　2 入手可能な　3 はっきりとしている　4 曖昧な
explicit は、「（表現が）ずばりそのものの」という意味から「（性描写が）露骨な」という意味まで持ちます。この文脈では「明示的な、はっきりした」という意味です。正反対の意味をもつ4を選んだ人が25％もいました。[例] a vague promise「はっきりしない約束」。(**explicit** ☞775)

393

Our flight was (　) for two hours because of a problem with the airplane's engine.

1 explained   2 collected   3 delayed   4 trusted

394

Jane is never willing to (　) quality for price when she buys a new car: she wants the best she can get, no matter what the cost.

1 revoke   2 compromise   3 indulge   4 modify

やや難

395

This year we have a very (　) new player on our team who was also a soccer star in high school.

1 compromising   2 disappointing   3 persuading   4 promising

396

The TV picture became so (　) during the storm that I read a book instead.

1 adopted   2 distorted   3 implied   4 proclaimed

[解] **3** delayed　　英検準2級／2006年①

[訳] 私たちが乗る便は、エンジンにトラブルがあったため2時間遅れた。

[解説] 1 (explain A to B) B に A を説明する　2 ~を集める、~を回収する　3 ~を遅らせる　4 ~を信頼する

文脈から明らかに3が正解です。be delayed (for)時間で「~だけ遅れている」という意味です。名詞も同形です。[例] We must leave without delay.「即刻出発しなければならない」。(**delay** ☞778)

[解] **2** compromise　　英検準1級／2005年③

[訳] ジェーンは車を買うときに、値段に見合った質を保っているかということに関しては決して妥協しようとしない。値段がいくらであろうとも、最高の車を買いたいと思っている。

[解説] 1 (免許など)を無効にする　2 (名誉、信用など)を損なう、妥協する　3 (indulge in ~)~にふける　4 ~を(部分的に)修正する

意味が通るのは2だけです。compromise は自動詞での用法が頻出ですが、他動詞としても使いますので注意して下さい。なお1の revoke は、re-【再び】+ voke【声に出す】が語源の単語です。4は modify one's attitude「姿勢を修正する」、modify a bill「議案を修正する」、modify the design「その設計を修正する」などで用います。(**compromise** ☞779)

[解] **4** promising

[訳] 今年私たちのチームには、高校時代もサッカーで有名だった将来大変有望な選手が新たに加入した。

[解説] 1 (名声などを)傷つけるような、不名誉な　2 がっかりさせるような　3 説得するような　4 将来有望な

「かつてはサッカーのスター」とありますから、人を修飾するプラスイメージの単語を選びます。すると、4しか残りません。promising は「将来が約束された」から「将来有望な」の意味になりました。1は compromise ~「(思慮のない行為などをして、人の名声など)を危うくする」の形容詞形です。元々は「妥協する」の意味ですが、それが「自分の意志を曲げる」→「名声をおとしめる」と変化したものです。(**compromise** ☞参考779)

[解] **2** distorted

[訳] テレビの画像が、嵐の間とても乱れたので、私は代わりに本を読んだ。

[解説] 1 ~を採用する　2 ~を歪める　3 ~を(暗に)意味する　4 ~を宣言する

後半の「代わりに本を読んだ」から、マイナスイメージの単語を選ぶと2が正解だとわかります。distort は「(顔、音、画像など)を歪める」や「(意見、考えなど)を歪める」で使えます。[例] My views were distorted by the misleading article.「僕の意見は誤解を与える記事によって歪められた」。a tortoise「(陸生の)カメ」、torture「拷問」が同系語。(**distort** ☞782)

397

The doctor said that awareness of (　　) and exercise is essential for fitness and health.

1 nutrition　2 nursing　3 nuisance　4 novelty

398

The management said that it had no intention of (　) to the demands of the workers, no matter how long the strike continued.

1 yielding　2 molding　3 welding　4 objecting

やや難

399

Small children have teeth which usually fall out between the ages of five and twelve, after which they get their (　) teeth.

1 false　2 forever　3 general　4 permanent

400

The Prime Minister's comments (　) anger, especially among older people.

1 mixed up　2 summed up　3 stirred up　4 picked up

難

[解] **1** nutrition
[訳] 医者の言うには、栄養を意識し運動することは健康管理に不可欠だそうだ。

[解説] 1 栄養 2 看護 3 迷惑になること 4 斬新さ
nutrition「栄養」は、nurse「栄養を与える人→看護師」と同系語です。主語は A and B の形ですが、筆者は2つで1つのカタマリと考えており単数形の扱いになっています。(**nutritious** ☛787)

[解] **1** yielding 〔英検準1級/2005年③〕
[訳] どれほど長い間ストライキが続こうとも社員の要望にこたえるつもりはない、と経営陣は言った。
[解説] 1 ~を産出する、(yield to ~)~に屈する 2 ~を型に入れて作る 3 ~を溶接する 4 (object to ~)~に反対する
「どれほどストライキが長引いても」とありますから「労働者の要求に屈するつもりはない」が適切で1が正解です。weldは、「(金属片、プラスチック片など)を接着する、を溶接する」という意味です。なお4にした人が約20%いました。(**yield** ☛791)

[解] **4** permanent 〔センター試験〕
[訳] 子どもは普通5歳から12歳の間に乳歯が抜け、その後永久歯が生えそろう。

[解説] 1 偽の 2 永遠に 3 全体的な 4 永久の
文意から「永久歯」という意味になるような形容詞を選びます。2は副詞であることに注意して下さい。[例] In the U.S. slavery was forever abolished in 1865. 「アメリカでは奴隷制度は1865年に永遠に廃止された」。(**permanent** ☛793)

[解] **3** stirred up
[訳] 首相のコメントは、特に高齢者の怒りをかき立てた。

[解説] 1 ~を混同する 2 ~を要約する 3 (故意に論争やもめ事)を引き起こす 4 ~を拾い上げる、~を車で拾う、(子どもが言葉)を聞き覚える
空所の後の anger「怒り」と結びつくのは3だけです。stir は元々は「(液体など)をかき回す」ですが、そこから「~を引き起こす」という意味で使うこともあります。[例] stir up controversy「大論争を引き起こす」、stir up trouble「困難を引き起こす」、stir things up「ごたごたを引き起こす」。4にした人が20%を超えています。(**stir** ☛794)

401

For questions about employment at River College, please direct all ( ) to Ruth Wells at rwells@river.edu. We cannot accept phone inquiries at this time.

1 illumination 2 correspondence 3 confirmation 4 expenditure

402

Ronaldo received a red card and was ( ) for two matches.

1 banned 2 censored 3 induced 4 relieved

403

Jessica ( ) her dream of becoming a politician because she did not have enough financial support. She now regrets giving up the dream.

1 sustained 2 maintained 3 abandoned 4 nurtured

404

Two days after Jeff's car was stolen, the police called to tell him that it had been found. The thieves had ( ) it in a field a few miles from town.

1 selected 2 abandoned 3 revealed 4 admitted

[解] **2** correspondence　　　　　　　　　　　　英検準1級/2006年①

[訳] リバー大学での採用に関してご質問のある方は、ルース・ウェルス(rwells@river.edu)にお尋ね下さい。今は電話によるご質問は受け付けておりません。

【解説】 1 照明、イルミネーション　2 通信、一致すること　3 確認、裏づけ　4 支出
1、3、4が明らかに文脈に合わないので消去法で2を選びます。correspondence は the letters that someone sends and receives, especially, official or business letters [ロングマン英英辞典]の意味ですから、direct all correspondence to ~ で「手紙はすべて~に向ける」という意味になります。3にした人が30%を超えていました。（**correspond** ☛796）

[解] **1** banned

[訳] ロナルドはレッドカードをもらい、2試合出場停止にされた。

【解説】 1（公式に）~を禁止する、（人、広告など）を締め出す　2 ~を検閲する　3（ある症状など）を引き起こす　4 ~を軽減する、~をほっとさせる
前半に「レッドカードをもらい」とありますから1が適切です。banは「（公式に行動など）を禁止する、（人）を締め出す」の意味です。[例] I've heard that in the U.S. smoking is banned in public places such as restaurants or cafes. Is that true?「アメリカでは喫煙はレストランやカフェなどの公共の場所では禁止されているって聞いたけど、本当?」。（**ban** ☛797）

[解] **3** abandoned

[訳] ジェシカは、経済的な支援が十分ではなかったので、政治家になる夢をあきらめた。今は夢をあきらめたことを後悔している。

【解説】 1（崩れないように）~を維持する　2 ~を維持する、(maintain that SV)~を主張する　3 ~を断念する、（車、船、国、家族など）を置き去りにする　4 ~を育てる
後半に「夢をあきらめたことを後悔している」という記述がありますから3が適切です。abandon は「（家、国、船）を捨てる」、「（職業、希望）を捨てる」などで使います。（**abandon** ☛798）

[解] **2** abandoned　　　　　　　　　　　　英検2級/2008年②

[訳] ジェフの車が盗まれて2日後に、警察から車が見つかったという電話があった。泥棒は車を町から数マイル離れた畑に放置していた。

【解説】 1 ~を精選する　2 ~を断念する、（車、船、国、家族など）を置き去りにする　3 ~を暴露する、~を明らかにする　4 ~を認める
文意が通じるのは2だけです。他の例を挙げておきます。Tom's natural mother abandoned him at an early age.「トムの実の母親はトムが幼い時にトムを捨てて出て行った」。（**abandon** ☛798）

405

A: Did you see the way Harold walked by without saying hello?
B: I noticed. I think it was (　　). We had an argument yesterday, and he's probably still angry.

1 random　2 moderate　3 radical　4 deliberate

やや難

406

A: John, did you enjoy the concert last night?
B: Not at all. I was (　　) going by my wife, even though she knows I don't like classical music.

1 charged with　2 kept from　3 fit in　4 dragged into

やや難

407

The thief's movements were so (　　) that nobody noticed anything at all.

1 alternate　2 subtle　3 executed　4 big

やや難

408

Scientists are examining evidence to see if global warming has (　　) events such as the recent heat wave in Europe and the unusually hot summer in other parts of the world.

1 confronted　2 triggered　3 followed　4 exaggerated

難

[解] **4** deliberate　　　　　　　　　　　　　　　　英検準1級/2007年①
[訳] A：「ハロルドが挨拶もせずに通り過ぎて行ったの見た？」
　　B：「うん。あれはわざとだね。昨日口げんかしたんだけど、たぶんまだ怒ってるんだよ」
[解説]　1 でたらめな、無作為の　2 適度の　3 革新的な　4 故意の、慎重な
後半の記述より「わざと無視して通り過ぎた」と考えるのが適切ですから、答えは4になります。deliberate は副詞形 deliberately「故意に」も重要です。3にした人が20％を超えています。3は root「根」、radish「ハツカダイコン」などと同系語です。(**deliberately** ☞800)

[解] **4** dragged into　　　　　　　　　　　　　　英検準1級/2007年③
[訳] A：「昨夜のコンサートは楽しかった？」
　　B：「ぜんぜん。家内は僕がクラシックなんて嫌いなのを知っているくせに、僕を無理矢理連れて行ったんだよ」
[解説]　1 ～で非難される　2 ～を妨げられる　3 ～に適応される　4 ～に引きずられて行く
後半の記述から「コンサートにいやいや連れて行かれた」が適切で答えは4。drag はコンピュータのカーソルを「drag and drop する」でも有名。2は The noise of traffic kept me from my studies.「車の騒音が私を勉強から離した状態に保った」→「車の騒音のため勉強ができなかった」などで使います。(**drag** ☞801)

[解] **2** subtle
[訳] その泥棒の動きはとても手ぎわのよいもので、誰も何も気づかなかった。

[解説]　1 交互の　2 微妙な、慎重な　3 実行された　4 大きい
「誰も気がつかなかった」から2を選びます。subtle は「(違い、変化などが)微妙な」、「(計画などが)人を欺くようなずる賢い」などの意味で使います。1は I work on alternate days.「隔日で働いている」、Arrange the leeks and meat in alternate layers.「ネギと肉を交互に敷いていきます」などで使います。(**subtle** ☞805)

[解] **2** triggered
[訳] 最近ヨーロッパの熱波や、他の地域での異常なまでに暑い夏が問題になっているが、地球温暖化がその主な原因になっていることを示す証拠に関して、科学者たちは調査を続けている。
[解説]　1 (A confront B) AがBに立ちはだかる　2 ～のきっかけとなる、引き金を引く　3 ～について行く　4 ～を誇張する
原因―結果の関係を示す動詞は2です。trigger は、元は「鉄砲の引き金」の意味で、そこから「～のきっかけを作る」という意味に発展しました。名詞形も同形です。be the trigger for ～で「～の引き金になる」です。20％近い人が1にしました。(**trigger** ☞ p.290 の No.10)

STAGE-5

500問解いたらおしまい、ではないよ。
くり返し挑戦して記憶に定着させよう。

次の英文の( )に入れるのにもっとも適当なものを、
それぞれ、1、2、3、4の中からひとつ選びなさい。

409

That picture doesn't seem ugly to me; ( ), I think it's rather beautiful.

1 however 2 in opposition 3 on the contrary 4 on the other hand

やや難

410

I had heard that John was born idle, but what his manager told me totally ( ) this. Apparently he frequently works on weekends.

1 suspended 2 suppressed 3 comprised 4 contradicted

やや難

411

Carlyle was severely criticized because he ( ) his own sister to the police.

1 revealed 2 betrayed 3 disclosed 4 exhibited

やや難

412

This make-up is so special that a small amount ( ) even the ugliest face!

1 exaggerates 2 compromises 3 enhances 4 humiliates

[解] **3** on the contrary　　　　　　　　　　　　　　　センター試験
[訳] その絵は全然醜くなんかない。それどころか、とても美しいと思う。

[解説] 1 しかしながら　2 反対して、野党の立場で　3 それどころか　4 一方では
on the contrary は、S_1 not V_1 ; on the contrary, S_2V_2.「S_1 は V_1 でなく、それどころか S_2 は V_2 だ」で覚えておきましょう。S_1V_1 と S_2V_2 が順接になっていることに注意して下さい。
(**contrary** ☞806)

[解] **4** contradicted
[訳] ジョンは生まれつき怠け者だと私は聞いたが、彼の部長が私に言ったことはこれとまったく矛盾していた。どうも、彼は頻繁に週末も働いているらしい。

[解説] 1 ～を一時的に中断する　2 ～を抑える　3 ～を構成する　4 ～と正反対のことを言う
前後の文脈から4が適切です。contradict ～ は、「(意見など)を否定する」から、A contradict B で「A が B と矛盾している」という意味になります。3の comprise も重要な単語です。[例] In the country women comprise 30 percent of the total workforce.「その国では、女性が全労働力人口の30％を占める」。1を選んだ人が20％弱。(**contradictory** ☞807)

[解] **2** betrayed
[訳] カーライルは実の妹を警察に売り渡したとして厳しく非難された。

[解説] 1 ～を明らかにする、～を暴露する　2 ～を売り渡す、～を裏切る　3 (秘密にしていたこと)を暴露する　4 ～を展示する
( ) his own sister to the police「妹を警察に売り渡す」から2が適切です。betray の例文をもう一つ挙げておきます。[例] Naoki has been betraying his wife again — I saw him coming out of a hotel with another woman.「なおきは再び妻を裏切っている。彼が他の女性とホテルから出てくるのを私は見た」。なお、disclose は reveal とほぼ同じ意味ですが、reveal より硬い語です。[例] disclose the identity of the politician「その政治家の素性を明らかにする」。(**betray** ☞809)

[解] **3** enhances
[訳] この化粧品はとても特別なものなので、ほんの少し使用するだけで、どんな顔でもきれいになります。

[解説] 1 ～を誇張する　2 (名誉、信用など)を損なう、妥協する　3 ～をさらに高める　4 ～に屈辱を与える
文脈から3が適切です。enhance は「(能力、明白さ、機会、魅力など)を高める」の意味です。en-【動詞化】+ -hance【(= high) 高い】が原義です。(**enhance** ☞810)

413

The Shiretoko Peninsula has recently been ( ) a World Heritage site. Environmentalists hope that this will protect the area from further development.

1 implicated   2 associated   3 integrated   4 designated

414

Charlie shows no ( ) at all. His brother has been in hospital for three weeks, and he hasn't visited him once.

1 compensation   2 condensation   3 compassion   4 condemnation

415

The winner of the speech contest received a trip to London, and all other contestants had dictionaries as ( ) prizes.

1 recession   2 restoration   3 confrontation   4 consolation

416

The author ( ) his novel to his sister, who had helped him a lot throughout his career.

1 responded   2 committed   3 dedicated   4 prohibited

[解] **4** designated　　　英検準1級／2005年③

[訳] 知床半島は最近世界遺産に指定された。このことによって地域の開発にストップがかかることを、環境論者たちは望んでいる。

[解説] 1（事実、証言などが）~を関係づける　2（associate A with B）AとBを結びつける　3 ~を統合する　4（designate A（as）B）AをBに指定する

be＋過去分詞＋名詞の形から4以外には無理です。なお3は This bridge is well integrated with the landscape.「この橋は風景に溶け込んでいる」、It was difficult for him to integrate into the team.「彼がそのチームに溶け込むのは困難だった」などで使います。（**designate** ☜814）

[解] **3** compassion

[訳] チャーリーはまったく思いやりを見せない。彼の弟は3週間入院しているのに、彼は一度もお見舞いに行ったことがない。

[解説] 1 賠償（金）、補償（金）　2 凝縮　3 強い哀れみの情　4（厳しい）非難

後半の記述に合致するのは3です。compassion は、しばしば行動を伴う「強い哀れみの情」の意味です。2は condense「~を濃くする」の名詞形です。「コンデンスミルク」は日本語ですね。1にした人が25%を超えています。1は I received compensation for injuries at work.「公傷に対する補償金を得た」などで使います。（**compassion** ☜815）

[解] **4** consolation

[訳] スピーチコンテストの優勝者は、ロンドン旅行をもらい、他の出場者らは皆、残念賞として辞書をもらった。

[解説] 1 景気の後退　2 修復、回復　3 直面、対立、闘い　4 慰め

文脈から4が適切。consolation は comfort より硬い語です。a consolation prize で「残念賞」の意味です。また a consolation game なら「敗者復活戦」の意味です。2を選んだ人が25%を超えています。2は the restoration work「修復作業」、be closed for restoration「修復のため閉鎖されている」などで使います。1の recession は、recede「後退する」の名詞形です。（**compassion** ☜参考815）

[解] **3** dedicated　　　英検2級／2006年②

[訳] 著者は自分の小説の扉に「妹に捧ぐ」と印刷させた。彼女は著者が文筆活動を始めてからずっと支え続けてきた。

[解説] 1 反応する　2（commit A to B）AをBに送る、（犯罪、自殺など）を犯す　3 ~を捧げる　4 ~を禁じる

SVO to 名詞の形に合うのは2か3ですが、2では意味が合いませんから3になります。dedicate A to B で「AをBに捧げる」です。約20%の人が2を選びました。（**dedicate** ☜817）

"Drug ( ) is a real problem in our community," said the mayor. "We need to do more to help young people fight it."

417

1 addiction   2 affirmation   3 appliance   4 accordance

やや難

We must ( ) up courage to face this immense challenge.

418

1 enlighten   2 kidnap   3 summon   4 dedicate

"If you want to do well at this company, you need to take the ( )," said Akemi's boss. "Don't just sit there and wait for orders."

419

1 initiative   2 discretion   3 arrogance   4 bravery

We started off the class by talking about the psychological effects of domestic violence, child ( ), bullying and other social ills.

420

1 abuse   2 abbey   3 abacus   4 absurd

[解] 1 addiction　　　　　　　　　　　　　　　　英検準1級/2006年③

[訳] 市長は次のように言った。「我々の地域にとって麻薬中毒は深刻な問題です。若い人たちが麻薬中毒から立ち直る手助けができるように、もっと積極的に関与していかなければなりません」

[解説]　1 中毒　2 断言　3 (コンロ、掃除機などの)器具　4 一致、調和

drugと来たら1しかありません。be addicted to ~「~中毒である」の名詞形です。間違えた人の多くは affirmation を選びました。この単語は、affirm「(信念に基づいて) ~だと断定する」の名詞形です。firm「硬い」と同系語です。(**addict** ☞818)

[解] 3 summon

[訳] 我々はこの途方もない難題に勇気を持って立ち向かわなければならない。

[解説]　1 ~を説明する　2 ~誘拐する　3 (勇気、力など)を奮い立たせる、(人)を召喚する　4 (全身全霊で) ~を捧げる

内容から3が適切です。summon up courage to (V)で「~する勇気を奮い立たせる」という意味です。summon up の目的語には all one's strength「すべての力」、recollections「思い出」などが来ます。2は「(身代金目当てに、主に子ども)を誘拐する」という意味です。「誘拐犯」は a kidnapperで、原義は「子ども(kid)を泥棒する(napper)」です。(**summon** ☞823)

[解] 1 initiative　　　　　　　　　　　　　　　　英検準1級/2006年③

[訳] アケミの上司は次のように言った。「もしこの会社でうまくやっていこうと思うんだったら、自分から積極的に仕事に取り組みなさい。ぼうっと座って指示を待っているようなことだけは決してしてはならないよ」

[解説]　1 主導権、進取的精神　2 権限、思慮分別　3 傲慢　4 勇敢さ

後半の「ぼうっと座って云々」の逆を考えれば1だとわかります。同系語は日本語の「イニシャル」、initial「はじめの」です。discretion は、dis-【分ける】から「思慮分別をもっていること」→「決定する権利を有すること」になりました。(**initiative** ☞824)

[解] 1 abuse

[訳] 私たちは授業の開始とともに家庭内暴力、児童虐待、いじめ、その他の社会悪などの心理的な影響について論じた。

[解説]　1 虐待、(麻薬などの)乱用　2 大寺院　3 そろばん　4 馬鹿げた

内容に合うものは1だけです。abuse は動詞と名詞が同形で、-se- の部分の発音は動詞では /z/ と濁りますが、名詞では /s/ となります。「性的な虐待」は sexual abuse、「人権侵害」は human rights abuses です。3は reckon on abacus「そろばんで計算する」などで使います。(**abuse** ☞827)

421

A: Will you be going to Rome this summer after all?
B: I'm still ( ) to.

1 intending 2 supposing 3 visiting 4 wondering

やや難

422

A: I didn't see you at the party last Friday. Why weren't you there?
B: I had every ( ) of going, but I fell ill at the last moment.

1 intention 2 occupation 3 conclusion 4 hesitation

423

In the mist I could see an ( ) shape. It might have been a small dog or a cat.

1 obscure 2 liable 3 obvious 4 faint

やや難

424

Kevin was at a loss, because he had no ( ) for a job after graduating from university.

1 cargo 2 friction 3 prospects 4 treads

[解] **1** intending　　　　　　　　　　　　　　　　　　　　　　センター試験
[訳] A：「結局この夏はローマに行くの?」
　　B：「今でもそのつもりだよ」
【解説】 1 (intend to (V))〜する意図がある　2 (suppose that SV)〜と思う　3 〜を訪問する　4 〜かなと思う
to 不定詞を取れるのは1だけです。suppose は、think とほぼ同じ意味でも使いますが、be supposed to (V)「〜することになっている」の形で覚えておいて下さい。[例] In Japan, you are supposed to take off your shoes at the door.「日本では、玄関で靴を脱ぐことになっている」。およそ25%の人が2を選んでしまいました。(**intend** ☞828)

[解] **1** intention　　　　　　　　　　　　　　　　　　　　　　英検2級/2007年③
[訳] A：「この前の金曜日、パーティで見なかったね。どうして?」
　　B：「行く気は十分にあったのだけれど、間際に病気になったんだ」

【解説】 1 意図　2 占有、職業　3 結論　4 ためらい、躊躇
intend to (V)「〜を意図する」の名詞形は intention to (V) だけではなく intention of (V)ing という形を取ることにも注意して下さい。2は「人生の大半を占めるもの」→「職業」という意味になりました。(**intend** ☞828)

[解] **1** obscure
[訳] 霧の中だったので形がよくわからなかったが、それは、小さい犬か猫だったかもしれない。
【解説】 1 不鮮明な　2 法的責任がある　3 明白な　4 かすかな
「それは、小さい犬か猫だったかもしれない」ということは1が適切です。obscure は、「(映像などが)不鮮明な」という意味から「(理由や言葉が)不鮮明な」、さらには「(人が)あまり有名ではない」という意味でも使います。2の liable は religion「宗教」、ally「同盟国」などと同様 -li-【縛る】を含む単語で「法的に縛られている」が原義です。間違った人の多くは3を選びました。(**obscure** ☞831)

[解] **3** prospects
[訳] ケビンは、大学を卒業してから仕事が見つかる見込みがなかったので、途方に暮れていた。
【解説】 1 積み荷、荷物　2 摩擦　3 将来の見込み　4 足取り
文脈から prospect は「(将来に対する)見込み」が適切です。pro-【前方】+ -spect【見ること】が語源です。[例] Bob was excited at the prospect of meeting the star player.「そのスタープレイヤーと会うことになったのでボブは興奮した」。4は、walk with a heavy tread「重い足取りで歩く」や「階段の踏み板」などで使います。(**prospect** ☞842)

425

The game on the main court was ( ) by a brief shower.

1 interrupted 2 fallen 3 refused 4 missed

426

This tropical plant is ( ) to the cold. Please keep it indoors during the winter.

1 obtainable 2 resilient 3 vulnerable 4 immovable

やや難

427

Reports say ( ) one million people will lose their jobs this year. Of course we will never know the exact number.

1 precisely 2 comparatively 3 approximately 4 moderately

428

A: I'm sorry I had to leave the meeting early yesterday. What was the ( ) of the discussion on the new software?
B: We decided to wait until next month before we start using it.

1 penalty 2 definition 3 outcome 4 confidence

やや難

[解] **1** interrupted　　　　　　　　　　　　　　　　　　センター試験
[訳] メインコートの試合はにわか雨のために中断した。

[解説]　1（活動など）を中断する　2 落ちる　3 ～を断る　4 ～を逃す
受動態になっていますが、能動態として考えれば「にわか雨」を主語とする動詞だとわかります。3、4は「人」を主語にする動詞で、2は自動詞ですから1しか残りません。（**interrupt** ☞872）

[解] **3** vulnerable　　　　　　　　　　　　　　　　　　英検準1級/2006年②
[訳] この熱帯植物は寒さに弱いので、冬の間は屋内で育てて下さい。
[解説]　1 入手可能な　2 はつらつとした　3 弱い、すぐに傷つく　4 動かせない、確固たる
文意から3が適切です。他の例を挙げておきます。［例］My knee is my vulnerable spot.「ひざが僕の弱点だ」。2 resilient は難単語ですが、re-【＝ back】＋ -sil-【＝ sul 跳ねる】から「跳ね返る、弾力のある」→「立ち直りが早い、快活な」となりました。同系語の単語は insult「侮辱（する）」、result「結果」などがあります。（**vulnerable** ☞833）

[解] **3** approximately
[訳] 報告によると、今年、おおよそ百万人が職を失うだろうとのことだ。もちろん、正確な数を知ることは決してないだろう。
[解説]　1 正確に　2 比較的　3 おおよそ　4 適度に、ほどほどに
後半に「正確な数を知ることは決してないだろう」とありますから3が適切です。about より硬い語ですから、日本語にすれば「概数で」ぐらいの意味ですね。2は、a comparatively small number of students「比較的少数の学生」などで使います。（**approximately** ☞846）

[解] **3** outcome　　　　　　　　　　　　　　　　　　　英検2級/2006年①
[訳] A：「昨日は会議を途中で退席してしまい申し訳なかったです。新しいソフトウェアについての議論はどうなりましたか？」
B：「採用する前に来月まで様子を見ようということになりました」
[解説]　1 刑罰　2 規定（すること）、定義　3 結果　4 自信、（confidence in ～）～に対する信頼
文脈から3が適切です。outcome は「（成り行きが注目される事柄の最終的な）結果」の意味です。20％弱の人が2を選びました。（**outcome** ☞849）

429

A: People sometimes say that England suffers from bad weather and bad cooking.
B: I'll ( ) the point about the weather but not about the food. London now has some of the world's finest restaurants.

1 compile　2 concede　3 resign　4 retrace

やや難

430

With public debt growing rapidly, the prime minister promised ( ) cuts in a number of government programs.

1 vivid　2 cynical　3 gracious　4 drastic

431

A: You're a very bright student, Leslie. I think you have a great future ahead of you.
B: Thank you for the ( ), Professor Jackson, but I still have a lot to learn.

1 compliment　2 compartment　3 settlement　4 supplement

やや難

432

There has been ( ) fighting recently between the Taliban and U.S. soldiers.

1 scarce　2 sparse　3 frail　4 fierce

やや難

[解] 2 concede　　　　　　　　　　　　　　　英検準1級/2008年②
[訳] A:「イングランドは天気が悪く料理がまずいと言われることがありますね」
　　　B:「天気については譲歩しますが、食べ物についてはできません。今のロンドンでは世界屈指のレストランがいくつかありますよ」
[解説] 1 ~を編纂する　2 ~を(譲歩して)認める　3 (~を)辞職する　4 ~を引き返す
文意から2しかありません。concede は、con-【(= together)一緒に】+ -cede【(= ceed)行く】から、相手に同調して「(自分に不利なこと、敗北など)をしぶしぶ認める」の意味です。名詞形の concession は「譲歩、容認」の意味です。なお4の retrace は re-【再び】+ trace【跡、~の跡をつける】からできた単語です。3がワナです。(**concede** ☛854)

[解] 4 drastic　　　　　　　　　　　　　　　英検準1級/2007年②
[訳] 国の借金が急速に膨れ上がっているので、首相は政府の関わっている公共事業のいくつかを大幅に削減すると約束した。

[解説] 1 鮮明な　2 皮肉な　3 やさしい、優雅な　4 抜本的な
空所の後の cuts「削減」に適した形容詞は4しかありません。2の cynical はやや難の単語ですが、「(人は所詮、人自身の利益のために行動するものだと考えて)冷ややかな」という意味です。[例] a cynical laugh「冷ややかな笑い」。(**drastic** ☛855)

[解] 1 compliment　　　　　　　　　　　　　英検準1級/2007年①
[訳] A:「レスリー、君は本当に賢い生徒だね。君には輝かしい未来が待っていると思うよ」
　　　B:「ジャクソン先生、誉めていただいてありがとうございます。でもまだまだ勉強しなければならないことが山ほどあります」
[解説] 1 誉め言葉　2 区画、車室　3 解決、定住　4 補うもの
Aの発言の内容から1だとわかります。compliment は「お世辞」ではない「誉め言葉」です。pay/make + 人 + a compliment「人を誉める」も重要です。(**compliment** ☛858)

[解] 4 fierce
[訳] 最近、タリバンとアメリカ軍との間に激しい戦闘があった。

[解説] 1 乏しい　2 まばらな　3 弱い、壊れやすい　4 激しい、どう猛な
fighting「戦い」、competition「競争」、opposition「反対」と結びつく語は4だけです。2の sparse は spread「広がる」と同系語で「まき散らした」より「(人などが)まばらな」の意味です。3の frail は、weak の硬い語で、fragile「壊れやすい」と同系語の単語です。(**fierce** ☛860)

433

The famous writer bought a farm on a remote Scottish island, saying that he needed more (　) in order to concentrate on his work.

1 gratitude　2 certitude　3 solitude　4 servitude

やや難

434

The rapid pace of technological change means that computers often become (　) within just a few years. This leads to the problem of what to do with all the unwanted machines.

1 critical　2 obsolete　3 abrupt　4 passive

難

435

Edward wanted to go for a coffee, but his wife still (　) in the souvenir shop.

1 wandered　2 leaked　3 lingered　4 hesitated

やや難

436

Our stupid boss caused a (　) meeting by explaining some nonsense about the company's cafeteria.

1 prolonged　2 successive　3 suspended　4 persistent

難

[解] **3** solitude　　英検準1級/2005年③

[訳] その有名な作家は遠く離れたスコットランドの島に農場を購入した。彼が言うには、仕事に集中するために一人でいる時間がもっと必要だったらしい。

[解説] 1 感謝　2 (信仰などの主観に基づく)確信　3 (プラスイメージ)ひとりでいること　4 奴隷の境遇、強制労働

文脈上3が適切です。certitude は難単語ですが certain「確かな」と同系語です。4の servitude も難単語ですが、service「奉仕すること」と同系語です。(**solitary** ☞861)

[解] **2** obsolete　　英検準1級/2005年③

[訳] 技術の変化が目まぐるしいということは、コンピュータがすぐに旧式になってしまうということである。このため、いらなくなったコンピュータのような機械類をどのように処理するかという問題が発生している。

[解説] 1 批判的な、大切な　2 古くさい、旧式の　3 突然の予期せぬ　4 受動的な、消極的な

「目まぐるしい技術の変化により」とありますから「数年のうちに旧式になってしまう」と考えるのが適切です。答えは2です。obsolete は「新しいものが登場し、旧式になってしまった」という意味です。-sole- が【ひとりぼっち】のイメージです。およそ30%の人が3を選んでしまいました。abrupt は、an abrupt change of mind「突然の心変わり」、come to an abrupt end「突然終わる」などで使います。(**obsolete** ☞862)

[解] **3** lingered

[訳] エドワードはコーヒーを飲みに行きたかったが、妻がまだ、お土産の店でぐずぐずしていた。

[解説] 1 さまよう　2 漏れる　3 長居する、長引く　4 ためらう、躊躇する

文脈から3が適切。linger は「ぐずぐずとしていつまでも残っている」という意味で、long「長い」と同系語の単語です。多くの人が選んだ1は、「当てもなくさまよい歩く」という意味です。[例] I wandered around the mall for an hour.「私は1時間ほどショッピングセンターをぶらついた」。(**linger** ☞863)

[解] **1** prolonged

[訳] 私たちの愚かな上司は、会社のカフェテリアについての無意味な説明をいくつかして会議を延長させた。

[解説] 1 伸びた、延長した　2 連続した　3 一時的に中断された　4 粘り強い、しつこい

文脈から1が適切です。なお、4の persistent は、動詞 persist in ～「～に固執する、辛抱強く続ける」の形容詞形です。20%以上の人が選んだ2は、successive + 複数形の名詞で「連続した～」の意味です。[例] Our team has had ten successive victories.「うちのチームは10連勝中だ」。(**linger** ☞参考863)

437

Comfortable hiking boots are ( ) in the Himalayas!

1 reluctant 2 intensive 3 crucial 4 addictive

やや難

438

Maya is so ( ) with her new boyfriend that she doesn't do any studying.

1 obsessed 2 obstructed 3 harassed 4 provoked

やや難

439

George suffered from ( ) back pain for years until he was finally convinced to get an operation.

1 durable 2 chronic 3 decrepit 4 elusive

やや難

440

Alice is so ( ) of Jack, complaining about his dirty clothes and lack of hygiene.

1 grateful 2 scornful 3 bashful 4 blissful

やや難

[解] **3** crucial
[訳] 快適なハイキング用ブーツはヒマラヤ山脈では必須だ!

[解説] 1 (be reluctant to (V)) V することに気が進まない　2 集中的な　3 (極めて)重大な　4 中毒性がある
文意が通るのは3だけです。crucial は、cross「十字架」と同系語で、十字架を背負っている感じで「(他のすべてのものがそれに依存しているという意味で)極めて重要である」という意味です。約20%の人が選んだ2は、a two-week intensive course in French「フランス語の2週間の集中講座」、intensive farming「集約農業」などで使います。(**crucial** ☞865)

[解] **1** obsessed
[訳] マヤは新しい恋人のことばかり考えているので、勉強をまったくしていない。

[解説] 1 (be obsessed with ~)~に取り憑かれている　2 妨げられた　3 疲れきった　4 怒った
後半の記述から1が適切です。be obsessed with/by ~で「~のことばかり考えている」というイメージです。[例] Nancy is obsessed by her weight.「ナンシーは体重のことばかり気にしている」。2の obstruct は、ob-【さからって】+ -struct【建てた】から「~を妨げる」の意味です。3の harassed は、harass「(厄介なことで絶えず)~を困らせる」の形容詞形で、「(困り果てて)疲れ果てた」の感じです。(**obsessed** ☞867)

[解] **2** chronic　　　　　　　　　　　　　　　英検準1級/2005年③
[訳] ジョージは長年にわたる慢性の腰痛に苦しんできて、ついに手術を受ける決心をした。

[解説] 1 丈夫な　2 慢性の　3 年寄りの、老朽化した　4 捕まえにくい、理解しにくい
文脈から2が適切です。chronic は、chron-【時間】からできた単語です。synchronized swimming は「全員が動きを合わせて泳ぐ」感じですね。なお3の decrepit は、de-【下に】+ -crepit【キーキーときしむ】が語源で、creak「キーキーときしむ」と同系語です。elusive は、elude「~から逃れる」の形容詞形です。[例] We managed to get an interview with that elusive singer.「なかなか捕まえることのできないその歌手へのインタビューがどうにかできた」。(**acute** ☞参考868)

[解] **2** scornful
[訳] アリスはジャックをとても軽蔑していて、彼の汚い服や清潔感のなさについて文句を言う。

[解説] 1 感謝して　2 軽蔑した、さげすむ　3 恥ずかしがって　4 この上なく幸福な
後半の記述から2が適切です。scornful は、scorn「~を軽蔑する」の形容詞形。scorn は、言葉の端々に相手を軽蔑する気持ちが表れているイメージです。3の bashful は abashed「赤面した」の派生語です。また、4の blissful は、名詞 bliss「(心の平静を保つ精神的な)喜び」の形容詞形です。(**contempt** ☞参考870)

441

Local residents were surprised to hear that David Jones, the wealthiest man in town, had become ( ), mainly as a result of failed business investments.

1 bankrupt 2 random 3 arrogant 4 brisk

442

Daniel was there when the volcano ( ) and managed to take some amazing pictures of "fire" flowing through trees.

1 exhausted 2 erupted 3 evolved 4 ejected

443

The conversation ended ( ) when Simon's ex-wife walked into the restaurant.

1 punctually 2 urgently 3 momentarily 4 abruptly

やや難

444

"I admit it's ( ) that some kind of intelligent alien life exists out there," said the space scientist, "but personally I'd be very surprised if it turned out to be true."

1 conceivable 2 influential 3 curable 4 partial

やや難

[解] **1** bankrupt　　　　　　　　　　　　　　英検準1級/2008年②
[訳] 地元の住人は、町一番のお金持ちのディビッド・ジョーンズが、主に仕事の投資で失敗したために破産したと聞いて驚いた。

[解説] 1 破産した　2 でたらめな、無作為の　3 傲慢な　4 (動作などが)活発な
「仕事の投資で失敗したために」から1が正解だとわかります。go / become / turn bankrupt で「破産する」です。4の brisk は「きびきびした」という意味の形容詞です。[例] have a brisk walk「早足で歩く」。(**bankrupt** ☞874)

[解] **2** erupted
[訳] ダニエルは、火山が噴火した時そこにいて、「火」が木々の間を通り抜けて流れる驚くべき写真を何枚か撮影することに成功した。

[解説] 1 ～を疲れ果てさせる　2 噴火する　3 進化する　4 ～を追い出す
「火山」と来たら2しかありません。なお4の eject は e-【= ex 外】+ -ject【投げる】からできた単語です。reject「～を拒否する」が同系語です。なお、「火山灰」は volcanic ashes、「溶岩」は lava です。(**erupt-** ☞875)

[解] **4** abruptly
[訳] サイモンの前妻がレストランに入ってきた時、会話は突然終わった。

[解説] 1 時間厳守で　2 緊急に　3 ちょっとの間、すぐに　4 突然不意に
文意に合うのは4だけです。abruptly は「突然に」+「予期しなくて」からできた副詞です。「えっ!」という声が聞こえてきそうな副詞です。-rupt- は【折れる】の意味です。corrupt「(すべてが折れる→)堕落した」が同系語です。20%以上の人が2を選びました。[例] Research was urgently needed to improve the sanitary conditions.「その衛生状態を改善するためにすぐにでも調査が必要であった」。(**abrupt** ☞876)

[解] **1** conceivable　　　　　　　　　　　英検準1級/2006年②
[訳] 宇宙科学者は次のように述べていた。「知的生命体が地球以外に生存していることは十分ありうる。だが、個人的には、もしそうだとしたら大変な驚きだ」

[解説] 1 考えられる、ありうる　2 影響力のある　3 治療できる、治せる　4 部分的な、(be partial to ～)～が特に好きな
文脈から1が正解。conceivable は conceive of ～の形容詞形で「考えられる」→「ありうる」の意味です。possible より硬い単語です。20%弱の人が選んだ4は、part の形容詞形。a partial success「部分的な成功」、I'm very partial to French fries.「私はフライドポテトが大好きです」。(**conceive** ☞878)

445

Jim won a fortune on the lottery last year, and now he's incredibly ( ). He speaks as if he were the king!

1 elevated   2 conceited   3 qualified   4 dignified

難

446

There was a nasty fire. Fred tried to escape, but his broken leg ( ) him.

1 hindered   2 intruded   3 resisted   4 seized

やや難

447

When Gale received a small ( ) after her grandfather died, she decided to use the money to pay for some of her university fees.

1 circumstance   2 fragrance   3 inheritance   4 annoyance

448

Momoko ( ) to hold Masa's hand, but in the disco she had no choice!

1 admired   2 contributed   3 hesitated   4 instructed

[解] **2 conceited**
[訳] ジムは去年宝くじで大金を当て、今、彼は信じられないほどうぬぼれている。彼は、自分が王様であるかのように話す。
[解説] 1 高尚な、高揚した　2 うぬぼれている　3 資格がある、有能な　4 威厳のある、堂々とした
「自分が王様であるかのように話す」から、2が適切です。conceitedは「自分や自分のすることに対するプライドが高すぎる」というイメージの単語です。「俺様が一番だよ」と威張っている感じをつかんで下さい。conceiveと同系語で、「自分のことばかり考えている」が原義です。約30%の人が選んだ4は、dignity「威厳」の動詞で、「(もったいぶった名前などをつけて)～を実際以上によく見せる」の意味です。[例] I cannot dignify him with the name of "professor."「あんな奴に『教授』なんて敬称は似合わないね」。(**conceited** ☛879)

[解] **1 hindered**
[訳] ひどい火事があった。フレッドは逃げようとしたが、足を骨折したため無理だった。
[解説] 1 ～を妨げる　2 邪魔をする　3 ～に抵抗する　4 ～をつかむ、～を押収する
「逃げようとしたが、彼の折れた足が～」から1を選びます。hinderは、「(邪魔をして)～を遅らせたり、止めたりする」という意味です。behind「～の裏に」が同系語です。名詞形 hindranceも暗記しましょう。多くの人が選んだ2は、ふつう自動詞で使います。[例] Would I be intruding if I came with you?「ご一緒するのはお邪魔でしょうか?」。(**hinder** ☛880)

[解] **3 inheritance**　英検準1級/2006年③
[訳] 祖父が亡くなってわずかな遺産を受け継いだとき、ゲールは大学の学費の足しにしようと決めた。
[解説] 1 (通例複数形)事情　2 よい香り　3 相続すること、相続財産　4 いらいらさせること
後半に「そのお金」とあるので3だとわかります。inherit ～「～を引き継ぐ」の名詞形です。なお2の fragrance は、「芳香」の意味です。[例] a delicate, flowerlike fragrance「微妙な、花のような香り」。(**inherit** ☛881)

[解] **3 hesitated**
[訳] モモコは、マサの手を握ることをためらったが、ディスコでは、ほかに選択の余地はなかった。

[解説] 1 ～を称賛する　2 (contribute A to B) AをBに与える　3 (hesitate to (V)) Vすることをためらう　4 ～に教える、～を指示する
文意に合うのは3です。hesitateは自動詞ですが、to (V) を取ることに注意して下さい。(**hesitate** ☛883)

449

Gary's love for Sally at the age of seven was (　). No children of that age should imagine getting married.

1 sensible　2 constructive　3 ridiculous　4 keen

450

Although the company bought the new electronic dictionary for everyone to use, Junko tended to (　) it, claiming that she needed it more than everyone else.

1 conventionalize　2 paralyze　3 monopolize　4 mobilize

やや難

451

Yuko and Toshi got divorced a year ago and have not spoken to each other since. Their feelings are so bitter that they will never (　).

1 reconcile　2 ridicule　3 invade　4 invoke

452

Based on present data, researchers predict that sea temperatures will (　) rise in the next decade or two.

1 inevitably　2 intentionally　3 respectively　4 voluntarily

やや難

[解] **3 ridiculous**
[訳] ゲイリーの、7歳の時のサリーへの愛情は馬鹿げていた。その年齢で、結婚することを想像する子どもはいないはずだ。

[解説] 1 良識がある、賢明な　2 建設的な　3 馬鹿げた　4 鋭い
後半の記述から空所にはマイナスイメージの単語が入ります。選択肢の中でマイナスイメージの単語は3しかありません。ridiculous は very silly or unreasonable「非常に馬鹿げていて、理屈に合わない」という意味です。(**ridiculous** ☞884)

[解] **3 monopolize**　英検準1級/2006年①
[訳] その会社ではみんなで使えるように最新型の電子辞書を購入したのだが、ジュンコは自分が一番必要としていると言って、一人で使おうとした。
[解説] 1 ~を慣例にする　2 ~を麻痺させる　3 ~を独占する　4（軍隊など）を動員する
後半の「自分が一番必要としていると言って」から3だとわかります。monopolize は、mono-【1】+ -pol-【販売】から「自分一人のものにする」という意味です。名詞形の monopoly は「独占、専売、専売品」の意味です。なお4の mobilize は mobile「モバイル、可動」の動詞形、1は convention「慣習」の動詞形です。(**monopoly** ☞886)

[解] **1 reconcile**
[訳] ユーコとトシは、1年前に離婚して、それ以来口をきいていない。彼らの気持ちにはとても辛いものがあるので、彼らはけっして仲直りすることはないだろう。
[解説] 1 ~を一致させる、~を和解させる、和解する　2 ~を嘲笑する　3 ~に侵入する　4 ~を懇願する
文脈から1が適切です。reconcile は、他動詞では「（食い違いなど）を調和させる」から「~を和解させる」で、自動詞では「和解する」という意味で使われます。reconcile A with B「A を B と一致させる」も合わせて覚えておいて下さい。(**reconcile** ☞887)

[解] **1 inevitably**　英検準1級/2007年①
[訳] 最新のデータに基づいて、研究員は海水の温度が今後10年から20年のうちに必ず上昇すると予想している。
[解説] 1 必然的に、必ず　2 意図的に　3 それぞれ、各々　4 自発的に
「海水の温度」が主語ですから2、4は削除でき、意味から3は消えます。答えの inevitably は、inevitable「避けられない」の副詞形です。20%弱の人が2にしました。intentionally は、通例動詞や形容詞の前におかれます。[例] an intentionally vague answer「意図的にぼかした答え」、intentionally hurt ~「意図的に~を傷つける」。(**inevitable** ☞898)

453

When I mentioned Morgan's name, there was a (　) silence from everyone. What bad thing had Morgan done?

1　reflective　2　defensive　3　spontaneous　4　subordinate

やや難

454

This chart (　) how climate change is affecting the ice at the North Pole.

1　illustrates　2　matches　3　orders　4　pretends

455

Brian is really interested in nature (　). Last week, he joined a campaign to save the forest near his village from development.

1　congestion　2　conversion　3　confession　4　conservation

やや難

456

David's fortieth birthday happened to (　) with his first day of classes. Too bad!

1　contract　2　commute　3　compel　4　coincide

やや難

[解] **3** spontaneous
[訳] 私がモーガンの名前を話に出すと、誰もが自然と黙った。モーガンはどんな悪いことをしたのだろうか。
[解説] 1 思慮深い、反射　2 防御の、受身の　3 自然(発生的)な　4 下位の、二次的な
silenceと結びつくのは3のみです。「思わず黙った」という感じをつかんで下さい。他にもa spontaneous applauseなら「感激のあまり思わず拍手してしまった」という意味になります。4は名詞では「部下」の意味です。sub-【下】+ -ordinate【秩序】。(**spontaneous** ☛902)

[解] **1** illustrates
[訳] この図を見れば、気候変動がどのように北極の氷に影響を及ぼしているかがわかる。

[解説] 1 (図を描いたり、実演したりして)~を説明する　2 ~に調和する　3 注文する、命令する　4 (pretend to (V), that SV)~のふりをする
目的語にhow節を取るのは1しかありません。日本語の「イラスト」は、図や絵に限られますが、英語のillustrateは「~をはっきりと示す」という意味もあります。(**illustrate** ☛903)

[解] **4** conservation　　　　　　　　　　　　　　　　　　英検準1級/2006年③
[訳] ブライアンは自然保護にとても関心を持っている。先週、彼は、自分の生まれた村に近い森が、これ以上開発されないようにする運動に参加した。

[解説] 1 混雑、密集　2 (形、性質などの)転換、変化　3 白状、告白　4 保護
「自然の」と来たら4しかありません。conservationの動詞形のconserveは、「(無駄を出さないように)~を大切に使う」という意味です。なお2のconversionは、元々は「改宗」の意味でしたが、今では様々な場面の「転換」に用いられます。(**conservative** ☛904)

[解] **4** coincide
[訳] ディビッドの40歳の誕生日は偶然、授業の初日と重なった。最悪だ!
[解説] 1 契約を結ぶ、収縮する　2 通勤する　3 (compel O to (V)) OにVすることを強制する　4 (coincide with ~)~と同時に起きる
空所の後にあるwithと結びつくのは4のみです。co-【(= together)一緒に】+ -incidence【(= incident)出来事】から、「何かと何かが同時に起きること」の意味です。名詞形のcoincidenceを用いた、What a coincidence!「なんたる偶然!」もついでに覚えておいて下さい。1にした人が15%ぐらいです。[例] Metal contracts as it cools, and it expands as it heats.「金属は冷たくなると収縮し、熱くなると膨張する」。(**coincide** ☛906)

457

The man was so ( ) with his work that he didn't realize everyone else in the office had gone home.

1 premeditated   2 preoccupied   3 unassuming   4 unaware

458

The Arctic is one of the most ( ) climates on Earth. Freezing temperatures, powerful winds, and few food sources make it challenging for even the most experienced explorers.

1 seldom   2 viable   3 prompt   4 hostile

やや難

459

The PTA members complained at the meeting that the school's curriculum was out of date. They demanded that their children's classes be made more ( ) to today's world.

1 customary   2 earnest   3 relevant   4 passionate

やや難

460

The economy began to ( ), but it soon slowed down due to a political crisis.

1 waver   2 flourish   3 perish   4 burst

やや難

[解] **2** preoccupied 英検準1級/2007年③
[訳] その男は仕事に没頭していたので、オフィスの他の皆が帰宅したことに気がつかなかった。
[解説] 1 前もって計画した　2 (be preoccupied with ~) ~で頭がいっぱいだ　3 (古風な言い方)でしゃばらない　4 気がついていない
be ~ with の形を取るのは2だけで、文意が通るのも2です。pre-【予め】+ -occupied【占有した】から、「そればかり考えていて、他のことはうわの空」というイメージです。(**preoccupied** ☞907)

[解] **4** hostile 英検準1級/2006年③
[訳] 北極は地球上で最も気候が過酷な地域のひとつだ。凍るような気温、強風、乏しい食糧資源といった条件は、熟練した探検者たちにとっても大変厳しいものである。
[解説] 1 めったに~ない　2 成長した、生存に適した　3 速やかな　4 敵意のある、厳しい
1は副詞なので不可、3は意味が合いません。2の viable は、vi-【命】+ -able【できる】から、「生きることができる」→「(計画などが)実行可能な」という意味の形容詞で不適。[例] a viable solution「実行可能な解決策」、a viable alternative「実行可能な代替案」。結局、4の hostile「敵意のある」→「非友好的な、優しくない」が答えです。(**hostile** ☞908)

[解] **3** relevant 英検準1級/2005年③
[訳] PTA の会合で保護者たちは、学校のカリキュラムが時代に合っていないと苦情を言った。また、子どもたちの授業はもっと今日の世の中に合うように作り変えていくべきだという要求も出した。
[解説] 1 習慣になった　2 まじめな、熱心な　3 関連した　4 情欲に駆られた、熱のこもった
be ~ to A の形になるのは3のみです。反意語の irrelevant「(ある発言などと)無関係の」のほうが頻出ですが、relevant も大切です。なお、4は、しばしば「官能的な」という意味あいで使われますが、a passionate speech「熱のこもった演説」などでも使います。(**irrelevant** ☞911)

[解] **2** flourish
[訳] 経済状態がよくなり始めていたが、まもなく、政治上の難局のために、それは減速した。
[解説] 1 揺れる、迷う　2 花開く、繁栄する　3 死ぬ　4 破裂する
後半の記述から空所にはプラスイメージの語が入ることがわかります。よって2が正解。flour は元々は「小麦の花」で、flourish はその動詞形で「花咲く」が原義です。1の waver は wave「波」と同系語の単語で、「(モノ、炎などが)揺れる」から「(判断など)心が揺れる」にまで使用できます。なお20%以上の人が選んだ3は die の硬い表現です。[例] Thousands of people perished when the ship went down.「その船が沈没したとき何千人もの人が亡くなった」。(**flourish** ☞915)

461

Japan's apparent (　) in the 1980s disappeared when the economic bubble burst.

1 hostility   2 extension   3 prosperity   4 escalation

やや難

462

Peter was so (　) to get married that he searched for a wife on the Internet.

1 desperate   2 dismal   3 distinct   4 definite

やや難

463

Sandra had an awful sense of (　) when her car broke down in the middle of nowhere.

1 despair   2 suspect   3 routine   4 relief

464

Either (　) to the rules or leave this club.

1 adjourn   2 adhere   3 amend   4 assure

やや難

[解] **3** prosperity
[訳] 1980年代の日本の目に見えた繁栄は、バブルがはじけて終わった。

[解説] 1 敵意　2 拡張、増築　3 繁栄　4 増大、上昇
文意から3が適切です。prosperity は、動詞 prosper「繁栄する」の名詞形です。pro-【前方】+ -sper-【希望】から来た単語です。2は、the extension of the school building「校舎の増築」、an extension (cord)「延長コード」などで使います。(**prosperity** ☞917)

[解] **1** desperate
[訳] ピーターは結婚しようと必死だったので、インターネットで妻を探した。

[解説] 1 必死の　2 憂鬱な、陰気な　3 まったく異なる、目立った　4 明確な
be 〜 to (V)で成立する形容詞は1です。be desperate to (V)「必死になって V する」です。名詞形は despair「絶望」です。de-【(= down) 下】+ -sper-【希望】から来た単語です。20%以上の人が2を選びました。[例] a dismal afternoon「陰気な午後」、a dismal future「陰気な将来」。(**despair** ☞918)

[解] **1** despair
[訳] サンドラは、どことも知れない場所の真ん中で車が故障した時、すさまじい絶望感に襲われた。

[解説] 1 絶望　2 容疑者　3 日課　4 軽減すること、ほっとさせること
「知らない場所で車が故障した」時の気持ちを表すのは1しかありません。なお、2の suspect は「疑われている者」→「容疑者」になりました。アクセントにも気をつけて下さい。(**despair** ☞918)

[解] **2** adhere
[訳] 規則に従うか、このクラブを退会するかどちらかにして下さい。

[解説] 1 (会議、法廷など)を延期する　2 (adhere to 〜) 〜を固く守る　3 (憲法など)を修正する　4 (assure A of B) A に B を保証する
空所の後の to と結びつく単語は2しかありません。adhere to 〜は「(法、主義など)を固く守る」の意味です。同系語の adhesive は「接着剤」のことです。なお adjourn は、postpone や put off よりも硬く、試合などの延期には使用できません。(**adhere** ☞922)

465

Terry can be so difficult to understand. I wish he would speak in a more ( ) manner.

1 distinguished   2 indicative   3 coherent   4 implicit

やや難

466

Although John could speak Japanese fluently, his inability to read or write it was a major ( ) when he was looking for a job in a Japanese company.

1 obstacle   2 standstill   3 deficit   4 incentive

やや難

467

When Rena feels stressed out, she goes to the beach near her home to relax and listen to the ( ) sound of the waves.

1 soothing   2 assuming   3 depressing   4 revolting

468

The ( ) misery in the society led to an increase in suicides.

1 excelling   2 preventing   3 prevailing   4 surpassing

やや難

[解] **3** coherent

[訳] テリーの話を理解するのはとても難しい。彼がもっと首尾一貫した話し方をしてくれたらいいのに。

[解説] 1 傑出した　2（indicative of ~）~を暗示している　3 論旨が一貫している　4 暗黙の
「テリーの話を理解するのはとても難しいことがある」とありますから、3が適切です。coherent は、co-【(= together) すべてが】+ -herent【くっついている】から「話のつじつまがきちんと合っている」という意味です。約25%の人が選んだ2の indicative は indicate「~を示している」の形容詞形です。[例] His attitude toward me is indicative of hatred.「彼の私に対する態度は憎しみを示している」。4の implicit は imply「~を(暗に)意味する」の形容詞形です。（**coherent** ☞923）

[解] **1** obstacle　　　　　　　　　　　　　　英検準1級／2006年①

[訳] ジョンは日本語を流暢に話せたが、日本語の読み書きができないことが日本の会社で仕事を見つける際の大きな障害になった。

[解説] 1 障害　2 停止　3（会計の）不足　4 褒美、仕事の励みになるもの
「読み書きができないことは、就職時の~」から、1「障害」ですね。standstill は、動詞の stand still「じっと立っている」からできた名詞です。3の deficit は de-【下】+ -fic-【作る】からできた単語です。（**obstacle** ☞925）

[解] **1** soothing　　　　　　　　　　　　　　英検準1級／2007年①

[訳] レナはストレスを感じたとき、自宅近くの浜辺に行ってくつろいだり、心が落ち着く波の音を聞いたりする。

[解説] 1 心を落ち着かせる　2（古風な言い方）傲慢な、生意気な　3 人を落ち込ませるような　4 反抗的な、不快な
soothing は「癒し系の」という意味の形容詞です。soothe「~を落ち着かせる」という動詞は、calm や comfort より硬い単語です。2の assuming は assume「~を取る」→「~な態度を取る／~を仮定する」の形容詞形で、「傲慢な態度を取る」→「生意気な」になりました。4の revolting は revolt「反乱を起こす」の形容詞形です。（**soothing** ☞928）

[解] **3** prevailing

[訳] 社会にはびこる悲惨さが、自殺の増加につながった。

[解説] 1 卓越した　2 ~を予防している　3 普及している　4 並はずれた、ずば抜けた
misery「悲惨さ」というマイナスイメージの単語がありますからプラスイメージの1、4は消せます。2は全く意味が合いません。よって3が正解となります。prevail の原義は「大きな力を持っている」で、そこから「まさる、流布する」となりました。[例] Pessimism about the U.S. economy is prevailing on Wall Street.「ウォール街にアメリカ経済に対する悲観的な見方が広がっている」。（**prevail** ☞929）

469

This disease is most ( ) during the summer months, and is much worse in wet seasons.

1 defective 2 pretentious 3 prevalent 4 spontaneous

難

470

To everyone's ( ), Maria decided to leave the school. No one could imagine why she would want to give up the position of director.

1 impact 2 appreciation 3 astonishment 4 threat

471

The cold rain left them feeling even more ( ) as they watched their team lose the soccer match.

1 ashtray 2 civilized 3 honest 4 miserable

472

Mark cannot ( ) Britain's dark winter and is going to move abroad.

1 demand 2 disapprove 3 tolerate 4 bounce

[解] 3 prevalent
[訳] この病気は夏の数ヵ月間に流行するが、じめじめした梅雨の季節には状況はさらに悪化する。

[解説] 1 欠陥のある 2 うぬぼれた 3 普及している、広まっている 4 自然（発生的）な
「病気」を主語にして使えるのは3だけです。prevalent は prevail「広がる」の形容詞形です。「（考え方、病気などが）広まっている」で使います。25％以上の人が4にしました。[例] There was a spontaneous silence.「思わず黙った」、There was a spontaneous applause.「感激のあまり思わず拍手してしまった」。(**prevail** ☞929)

[解] 3 astonishment
[訳] マリアが学校を退職することに決めたのには皆が驚いた。なぜ彼女が校長職を捨てたいと思ったのか、誰にも想像がつかなかった。

[解説] 1 衝撃、影響 2 正当に評価すること、感謝 3 （大きな）驚き 4 脅威
後半の記述から3が適正です。astonish は「大きな雷鳴が轟く」が原義で、surprise ～ greatly の意味です。名詞形は astonishment で to one's astonishment で「～が驚いたことには」の意味です。(**astonish** ☞932)

[解] 4 miserable
[訳] 自分たちの学校のサッカー部が試合に負けたので、冷たい雨が一層彼らを悲しい気分にさせた。

[解説] 1 灰皿 2 文明化した 3 正直な 4 惨めな、悲しい
「冷たい雨」が主語だからマイナスの気分にすることはわかります。そこから4が正解となります。miserable は「（人が）惨めな」、「（食事が）粗末な」、「（事物が）惨めにさせるような、不愉快な」という意味で使われます。名詞形は misery「惨め」です。(**miserable** ☞935)

[解] 3 tolerate
[訳] マークは、イギリスの暗い冬に耐えられず、外国へ引っ越すつもりだ。

[解説] 1 ～を要求する 2 不賛成である 3 ～を大目に見る 4 はずむ
文意から3を選びます。tolerate は「～を大目に見てあげる」「～に対して目をつぶる」という意味です。tolerate 事物で、tolerate ＋人は不可であることに注意して下さい。(**tolerate** ☞936)

473

Although the latest designs of the currency are difficult to copy, experts say there are still millions of fake U.S. bills in ( ) around the world.

1 revolution 2 circulation 3 intersection 4 sensation

やや難

474

The United Nations often discusses the ( ) of poverty and hunger.

1 elimination 2 evasion 3 extinction 4 evaluation

やや難

475

The acrobats performed some amazing ( ), and the spectators gave them a standing ovation.

1 feats 2 feasts 3 defects 4 blunders

476

Tom sat at his desk ( ), scratching his head. Where was his homework?

1 acclaimed 2 enclosed 3 perplexed 4 blunt

やや難

[解] **2** circulation　　　　　　　　　　　　　　英検準1級/2006年③
[訳] 最新の通貨のデザインは偽造しにくいものになっているが、専門家の指摘によると、いまだに世界中で何百万枚ものアメリカドルの偽札が出回っているらしい。

[解説] 1 革命　2 循環、出回ること　3 横切ること、交差点　4（一時的な）感覚
文意に合うのは2だけです。in circulation で「出回る、循環している」の意味です。3のintersection は、数学の用語では「（図形の）交点」の意味になります。（**circulate** ☞937）

[解] **1** elimination
[訳] 国際連合は、貧困と飢餓の撲滅について話し合うことが多い。

[解説] 1 敗退、排除、撲滅　2 逃れること　3 絶滅　4 評価
「貧困と飢餓」とあれば1しかありません。eliminate は「～を除外する」から「～を削除する」「（数学で）～を消去する」の意味ですが、be eliminated の形で「（勝ち抜き方式の競技試合で）敗退する」という意味でも使われます。その名詞形が elimination です。[例] the tennis player's elimination in the first round of the tournament「そのテニス選手のトーナメントの1回戦での敗退」。（**eliminate** ☞939）

[解] **1** feats
[訳] その曲芸師たちは素晴らしい妙技を見せ、観客は総立ちで拍手を送った。

[解説] 1 （熟練、体力、勇気などを要する）偉業、離れ業　2 （大勢の客が集まる）祝宴　3 欠陥　4 （不注意で愚かな）大失策、へま
後半の「見ているものが拍手を送った」から、3と4が消えます。2は意味をなしませんから1を選びます。feat は、factory「作る場所→工場」、fiction「作られたもの→小説」、infection「中で作ること→感染」などと同様に、「なされたこと→偉業」と発展しました。4は「目を閉じること」が原義で、blind「目が見えない」と同系語です。（**feat** ☞942）

[解] **3** perplexed
[訳] トムは困り果てて机に向かい頭をかきむしった。宿題をどこにやってしまったんだ?

[解説] 1 （公の場で）～に喝采を送る　2 ～を同封する　3 ～を戸惑わせる　4 （刃先、人が）鈍い
「宿題はどこにいったんだ?」とありますから3が適切です。perplexed は「（理解できないものによって）混乱し心配している」という意味です。なお1の acclaim は難単語ですが、claim「大声を上げる→主張する」と同系語で、「大声を上げて歓迎する、賞賛する」という意味です。（**perplex** ☞946）

477

The investigation into the accident concluded that there had been serious (　) in the nuclear power station's safety procedures.

1　shortcomings　2　breakthroughs　3　showdowns　4　downturns

478

Rather than receiving (　), the band was booed and had food thrown onto the stage.

1　admission　2　instrument　3　expectation　4　applause

479

"I (　) your efforts to improve community relations," the mayor told local religious leaders. "Thanks to the meetings we've held, we all understand each other better now."

1　applaud　2　formalize　3　dispute　4　retain

480

Sales of books (　) thanks to the creation of Harry Potter.

1　proposed　2　lengthened　3　consumed　4　exploded

[解] **1** shortcomings　　　　　　　　　　　　　　　英検準1級/2006年①
[訳] その事故の調査によって、原子力発電所の安全管理マニュアルに重大な欠陥があったことが判明した。
[解説]　1 欠点　2 重大な発見　3 大詰め　4 下落、沈滞
文脈から1が適切。shortcomingは「不足しているもの」から「欠点」になりました。3のshowdownは、「(トランプで)持ち札をすべて見せる」から「大詰め」という意味です。似た形のslowdownは「減速、景気後退」です。35%の人が2にしました。2は「何かの殻を突き破る」から「重大な発見」となりました。(**shortcoming** ☞948)

[解] **4** applause
[訳] そのバンドは拍手をもらうのではなくてブーイングを浴び、ステージに食べ物が投げ込まれた。

[解説]　1 (入場、入学などの)許可　2 道具、楽器　3 予想　4 拍手
「そのバンドは、～をもらうのではなくて、ブーイングを浴び」とありますから4しかありません。「手を叩く」の日常的な単語はclapです。[例] The kids clapped their hands in delight.「子どもたちは喜んで手を叩いた」。(**applause** ☞950)

[解] **1** applaud　　　　　　　　　　　　　　　　英検準1級/2008年②
[訳] 「地域の関係改善に尽力されたことに敬意を表します。私たちの会合に皆様が参加して下さったおかげで、今では皆がお互いの立場をよりよく理解できるようになりました」と市長は地元の宗教の指導者たちに言った。
[解説]　1 ~に拍手を送る、~を賞賛する　2 ~を正式のものにする　3 ~を論じる、~に反論する　4 ~を保つ(keepより硬い語)
後半の記述から1が適切。applaudは基本的には「~に拍手する」ですが、そこから発展して「~を賞賛する」という意味でも使われます。ちょっと難しいですね。(**applause** ☞950)

[解] **4** exploded
[訳] ハリー・ポッターが出たおかげで、本の売り上げが急増した。

[解説]　1 ~を提案する　2 ~を長くする　3 ~を消費する　4 爆発する
空所には自動詞が入りますが、選択肢で普通自動詞で使うものは4しかありません。explodeは「(爆弾が)爆発する」から「(人口や数が)急増する」などでも使えます。ただし「(火山が)噴火する」はeruptを用います。なお、2はlengthen a sleeve by three inches「そでを3インチ伸ばす」などで使います。(**explode** ☞951)

481

It might seem ( ) for the president of the company to fly economy class, but he wants to show his employees the importance of saving money.

1 invisible 2 jealous 3 absurd 4 dependent

482

Dinosaurs ( ) to exist millions of years ago.

1 refrained 2 ceased 3 surrendered 4 withdrew

483

My wife's ( ) complaining caused me to buy myself earplugs.

1 resentful 2 incessant 3 soothing 4 deficient

484

Mr. Tahira ( ) to give his students extra homework unless they all brought their textbooks to class.

1 combined 2 threatened 3 embarrassed 4 disappointed

[解] **3** absurd 　　　　　　　　　　　　　英検2級/2006年③

[訳] 会社の社長が飛行機でエコノミークラスを利用しているというのは常識的に考えるとおかしいかもしれないが、彼は社員に対して倹約がいかに大切かを示したいのだ。

[解説] 1 見えない　2 ねたんで、嫉妬して　3 馬鹿げている、常識に反した　4 頼っている

「社長がエコノミークラス」というのは3が適切です。答えの absurd は「かなりおかしい、理屈に全然合わない」という意味の形容詞です。2は「人」を主語にします。(**absurd** ☞955)

[解] **2** ceased

[訳] 恐竜は何百万年も前に死に絶えた。

[解説] 1 (refrain from ~)~を控える　2 終わる、~を止める　3 降参する、~を捨てる　4 ~を引き揚げる、~を撤回する

文意をなすのは2だけです。cease は cease to (V) / (V)ing で「~を止める」の意味で stop より硬い単語です。cease to exist なら「存在しなくなる」→「死に絶える」です。a cease-fire で「停戦」の意味です。(**cease** ☞960)

[解] **2** incessant

[訳] 私の妻は絶え間なく文句を言うので、私は自分のために耳栓を買った。

[解説] 1 憤慨して　2 止むことのない　3 心を落ち着かせる　4 欠乏している

後半に「私は自分のために耳栓を買った」とありますから2が適切です。incessant は、動詞 cease「止める」に否定の接頭辞 in- がついて「止まらない」というイメージの単語です。incessant babble「絶え間ないおしゃべり」、incessant clashes「絶え間ない衝突」などで使います。35%以上の人が選んだ1の resentful は、forgetful「忘れやすい」、respectful「尊敬している」などと同様に「人」の描写で用います。[例] Emma is resentful of losing her job.「エマは職を失ったことに憤慨している」。(**cease** ☞参考960)

[解] **2** threatened

[訳] 田平先生は、生徒たちが全員授業に教科書を持ってこない限り、追加の宿題を出すぞと脅した。

[解説] 1 ~を結合させる　2 ~を脅迫する　3 ~を当惑させる　4 ~をがっかりさせる

3、4は、人 + be + embarrassed/disappointed で使います。それ以外で後ろに to (V) を取る動詞は2しかありません。threaten to (V) で「V すると脅す」という意味です。なお threaten 人 with a gun なら「人を銃で脅す」という意味です。(**threat** ☞964)

485 Centipedes are a real ( ) in our house in the summer.

1 mischief 2 miser 3 memoir 4 menace

486 Yumiko's English teacher told everyone in the class to cut out a newspaper ( ) and bring it to the next lesson.

1 award 2 experiment 3 article 4 excuse

487 Hiro ( ) refused to follow the rules.

1 immortally 2 indignantly 3 impartially 4 integrally

488 Why does the best ( ) for a cold always taste awful?

1 remedy 2 indication 3 symptom 4 caution

[解] **4** menace
[訳] 夏に出てくるムカデは、うちの家にとっては本当にやっかいなものだ。

[解説] 1 いたずら　2 けちな人、守銭奴　3 伝記、回顧録　4 脅威、厄介者、邪魔者
「ムカデ」ですから4が適切です。4の menace は threat より硬い語です。a menace で「厄介者、迷惑をかける人／モノ」の意味です。[例] Tonny is a real menace.「トニーは本当に世話の焼ける子だ」。a menace to society「社会への脅威」。3は難しい単語ですが memory「記憶」と同系語です。(**threat** ☛参考964)

[解] **3** article　　　　　　　　　　　　　　　　　　　　　　　英検準2級／2006年②
[訳] ユミコの英語の先生は授業で、生徒全員に新聞の記事を切り抜いて次の授業に持ってくるように言った。

[解説] 1 賞、賞品、賞金　2 実験　3 記事　4 言い訳
切り抜くものは新聞の「記事」で3が正解です。なお、an article は「全体の一部」という意味ですから「新聞記事」の場合は、an article より a newspaper article のほうが意味がはっきりします。(**particle** ☛参考966)

[解] **2** indignantly
[訳] ヒロは憤然として、規則に従うことを拒んだ。

[解説] 1 永遠に　2 憤然として、怒って　3 公平に　4 不可欠に
文脈から2が適切です。indignantly は dignity「威厳」+ in-「否定の接頭辞」からなる副詞で「威厳を損なわれ激怒して」というイメージの単語です。1は、mortal「(やがては)死ぬ運命にある」の派生語。3は、partial「かたよった」の派生語。4は integral「不可欠な」の副詞形です。[例] Music is an integral part of every child's education.「音楽はすべての子どもの教育に不可欠な部分だ」。(**dignity** ☛967)

[解] **1** remedy
[訳] なぜ風邪に最もよく効く薬はいつも、ものすごくまずいのだろうか。

[解説] 1 医薬品、治療法　2 指示、示すこと　3 症状　4 注意、用心
空所の後ろの for に注目するだけで1だとわかります。2、3、4はすべて of を従えますが、原則として for は従えません。なお、remedy は re-【再び】+ -medy【治す】で、medicine「医学、薬」と同系語です。(**remedy** ☛968)

489

Police hope that their planned visits to schools and youth clubs will help (　) good relations between themselves and the local community.

1 cultivate　2 eliminate　3 duplicate　4 calculate

やや難

490

Recent years have seen companies (　) the world's natural resources faster than ever.

1 extending　2 exploiting　3 intersecting　4 inscribing

やや難

491

My grandmother will (　) a heart operation tomorrow.

1 overhaul　2 overlook　3 underlie　4 undergo

やや難

492

The (　) of the local economy caused thousands of people to lose their jobs.

1 necessity　2 accuracy　3 theory　4 collapse

やや難

[解] **1** cultivate　　　　　　　　　　　　　　　　　　英検準1級/2007年①
[訳] 警察は、予定された学校と青少年センターへの訪問によって、地域共同体との良好な関係を深めていくことができたらいいと考えている。
[解説] 1 ~を耕す、~を育む　2 ~を排除する　3 ~の複製品を作る　4 ~を計算する
目的語に relations「関係」を取る動詞は1だけです。culture「文化、培養」の本来の意味は「耕すこと」でした。3にした人が15%ほどいました。[例] Human cloning might enable dictators to duplicate themselves.「人クローンによって独裁者が自らを複製することが可能になるかもしれない」。(**cultivate** ☛971)

[解] **2** exploiting
[訳] 近年、様々な企業が世界の天然資源をこれまでにない速さで利用してきた。
[解説] 1 ~を拡張する　2 ~を(徹底的に)利用する、~を搾取する　3 ~を横切る　4 (石版、金属板、石碑などに)~を刻む
「世界の天然資源」が目的語ですから2が正解です。exploitは、元々は「~を搾取する」の意味ですが、そこから「~をとことん利用する」という意味になりました。目的語として他にも one's advantages「自分の強み」、one's family connections「姻戚関係」などが可能です。15%以上の人が選んだ1の extend は、extend the deadline「締め切りを延ばす」、extend a warm welcome to ~「~を温かく迎える」などで使います。(**exploit** ☛974)

[解] **4** undergo
[訳] 私の祖母は明日心臓の手術を受けるだろう。
[解説] 1 ~を詳しく調べる　2 ~を見逃す　3 ~の下に横たわっている　4 ~を経験する
文意から4が適切です。undergo ~ は「(変化、手術、試験などどちらかと言えばマイナスのもの)を経験する」の意味です。1の overhaul は over-【すっかり】+ -haul【調整する】から、「~を分解点検する」「~を精密診断する」という意味です。15%以上の人が選んだ3は Social poverty underlies crime in big cities.「大都市の犯罪の根底にあるのは社会の貧困である」などで使います。(**undergo** ☛975)

[解] **4** collapse　　　　　　　　　　　　　　　　　　英検2級/2007年①
[訳] 地域経済が破綻したため、何千人もの人が職を失った。

[解説] 1 必要　2 正確さ　3 理論　4 崩壊
何千人もの失業者を出すのは「経済の崩壊」しか考えられません。よって4を選びます。collapse は動詞も同形で、「建物が倒壊する」や「病に倒れる」や「制度が崩壊する」などで使用します。[例] Under the weight of the snow, the roof of our house collapsed.「雪の重みで家の屋根が崩れた」。(**collapse** ☛976)

Drinking ( ) water will put you on the toilet for days!

493

1 contaminated 2 slaughtered 3 degraded 4 sterilized

Jenny is a ( ) sort of girl. Take her to the dance!

494

1 distinct 2 developed 3 dedicated 4 decent

Farmer Giles ( ) seeds all over his field and then prayed for rain.

495

1 sheltered 2 scrambled 3 splashed 4 scattered

"For the second straight year," said the principal, "I'm proud to announce that a student here at West Side High School has won a scholarship to one of Canada's most ( ) universities."

496

1 superfluous 2 populous 3 prestigious 4 infamous

【解】 **1** contaminated
【訳】 汚染された水を飲むと、何日もトイレにこもることになるよ。

【解説】 1 ~を汚染する 2 (動物)を屠殺する、~を虐殺する 3 ~の品位を下げる 4 ~を消毒する、~を不妊にする
文脈から1が適切です。contaminate ~は「(汚物、不純物、放射性物質などで)~を汚染する」の意味です。なお2の slaughter は、原義が「食肉用に動物を殺す」でしたが、今では「(人間)を大量虐殺する」でも使われます。4の sterilize は sterile「不毛の、不妊の」の動詞形です。30%もの人が選んだ3は、a TV program that degrades women「女性の品位をおとしめるテレビ番組」などで使います。(**contaminate** ☞978)

【解】 **4** decent
【訳】 ジェニーは、まともなタイプの女の子だよ。彼女をダンスに誘いなよ。

【解説】 1 まったく異なる 2 発展した、先進の 3 献身的な 4 まともな、ちゃんとした
「彼女をダンスに誘いなよ」から「まともな女の子」と考えるのが適切です。decent は、「(社会通念上)きちんとした」という意味です。[例] a decent job「まともな仕事」、a decent letter「まともな手紙」。20%以上の人が選んだ3の dedicate は、たとえば The singer dedicated himself to children's charity work.「その歌手は子どもの慈善に全精力を傾けていた」などで使います。(**decent** ☞981)

【解】 **4** scattered
【訳】 農民のジャイルズは、彼の畑全体に種をばらまき、それから、雨ごいをした。

【解説】 1 (犯人など)をかくまう、(風雨、危険から人)を保護する 2 ~をごちゃ混ぜにする 3 (水、泥など)を(バシャッと)はねかける 4 ~をばらまく
「種」が目的語ですから4しか意味が通じません。scatter の目的語になるのは corn「トウモロコシ」、gravel「砂利」、leaves「葉っぱ」などです。(**scatter** ☞984)

【解】 **3** prestigious　　　　　　　　　　　　　　　英検準1級/2006年③
【訳】 校長は次のように言った。「我々ウェストサイド高校は創立以来2年の新しい学校ですが、当校の生徒がカナダの名門大学に奨学金を支給されて通うことになったというすばらしいニュースをお知らせします」
【解説】 1 過分の、十分たくさんある 2 人口の多い 3 名声のある、名門の 4 不名誉な、悪名の高い
高校、大学を褒める時に使われる形容詞は3です。prestigious は prestige「名声、威厳」の形容詞形です。約20%の人が2にしました。[例] Tokyo is among the most populous areas in the world.「東京は世界の人口密集地のうちの1つだ」。(**prestige** ☞993)

497

Don't drop that package —— its label says "(   )."

1 MODEST 2 FRAGILE 3 FEEBLE 4 DURABLE

498

The Diet should (   ) the ASDF mission in Iraq on the constitutional matter.

1 scrutinize 2 scotch 3 scorch 4 scrape

499

We are (   ) for your generous contribution to the city renewal project.

1 concerned 2 grateful 3 sufficient 4 vital

500

Her summer dresses had been ironed and were (   ) in the closet.

1 cleaning 2 folding 3 hanging 4 changing

[解] **2** FRAGILE
[訳] その小包を落とさないで。その荷札に、「壊れ物」と書いてあるよ。

[解説] 1 質素な、粗末な 2 壊れやすい 3 (老齢、病気などで)衰弱した、弱い 4 丈夫な、耐久消費財
「取り扱い注意!」なモノは「ワレモノ」ですから2が適切です。fragment「断片」、fraction「分数」なども同系語の単語です。4は、Plastic bags are more durable than paper ones.「ビニール袋のほうが紙袋より耐久性がある」などで使います。(**fragment** ☛参考 994)

[解] **1** scrutinize
[訳] 国会はイラクにおける航空自衛隊の任務が憲法に反していなかったか検討すべきだ。

[解説] 1 ～を徹底的に調査する 2 (うわさなど)をもみ消す 3 ～を焦がす 4 (泥、ペンキなど)をこすり落とす
内容から1が適切です。scrutinize は、scrap「ゴミ」まで漁り調べる、というイメージの単語です。簡単な単語で言い換えれば examine ～ very carefully の感じです。scrutinize principles なら「原理を徹底的に調べ上げる」という意味です。なお、文中に登場した ASDF は the Air-Self Defense Force「航空自衛隊」の略です。(**scrutinize** ☛998)

[解] **2** grateful
[訳] 市の開発プロジェクトに対して多額の寄付を頂き、厚く御礼申し上げます。

[解説] 1 関心を持っている 2 感謝している 3 十分な 4 極めて重要な
文意が通るのは2しかありません。be grateful for ～で「～に対して感謝している」という意味です。イタリア語 Grazie!「ありがとう!」も同系語です。1は、be concerned with ～「～に関心をむける」、あるいは be concerned about ～「～を心配している」で暗記しましょう。(**gratitude** ☛1000)

[解] **3** hanging 〔センター試験〕
[訳] 彼女の夏物の服はアイロンをかけられ、今クロゼットに掛かっている。

[解説] 1 ～をきれいにする 2 ～を折りたたむ、折り曲げられる 3 ～を吊す、ぶら下がっている 4 ～を変える、変わる
文意から3が適切です。hang は、hanger「ハンガー」で日本語になっていますね。なお、2は with one's arms folded「腕を組んで」、My cell phone folds in half.「私の携帯は2つ折りだ」などで覚えておいて下さい。(**hanging** ☛ p.357のNo.6)

竹岡広信(たけおか　ひろのぶ)
1961年生まれ。洛南高校、京都大学工学部、同大学文学部卒業。「生徒に英語を好きになってほしい」という思いから英語教師に。駿台予備学校、洛南高校で講師を務め、「英作文の鬼」との異名を持つ。京都府亀岡市内で竹岡塾を主宰。「日本の英語教育を良くしたい」という思いが反映された講義はいつも満員で、東大合格者へのアンケートでは、「あの先生のおかげで英語が克服できた」と、もっとも信頼されたカリスマ英語講師。著書に『ドラゴン・イングリッシュ　基本英文100』『ドラゴン・イングリッシュ　必修英単語1000』(ともに講談社)、『大学受験のための英文熟考〈上・下〉』(旺文社)、『竹岡式やり直し英語』(朝日新聞出版)、『竹岡広信の「英語の頭」に変わる勉強法』(中経出版)ほか多数。

ドラゴン・イングリッシュ解いて覚える必修英単語500

2009年3月18日　第1刷発行

著　者　　竹岡広信
発行者　　鈴木　哲
発行所　　株式会社講談社
　　　　　東京都文京区音羽二丁目12-21
　　　　　郵便番号112-8001
　　　　　電　話　出版部　03-5395-3522
　　　　　　　　　販売部　03-5395-3622
　　　　　　　　　業務部　03-5395-3615
印刷所　　慶昌堂印刷株式会社
製本所　　株式会社国宝社

© Hironobu Takeoka 2009, Printed in Japan
N.D.C.830 255p 19cm
定価はカバーに表示してあります。
Ⓡ〈日本複写権センター委託出版物〉本書の無断複写(コピー)は著作権法上での例外を除き、禁じられています。
落丁本・乱丁本は購入書店名を明記のうえ、小社業務部あてにお送りください。送料小社負担にてお取り替えいたします。なお、この本についてのお問い合わせは学芸図書出版部あてにお願いいたします。

ISBN978-4-06-287805-0